成功するFC戦略
フランチャイズ本部構築の9ステップ

民谷昌弘
Tamiya Masahiro

aozora

はじめに

フランチャイズ・ビジネスには陰りが差しているのだろうか……コンビニの店舗数が頭打ちになったというニュースや、一部のチェーンで生じている本部と加盟店のあいだのトラブルなどの報道に接して、フランチャイズ・ビジネスという仕組みそのものの将来を心配されている方がおられるかもしれません。

1963年、ダスキンと不二家の2社が加盟1号店を出店したのが、日本でのフランチャイズ・チェーンの始まりだといわれています。それから50年以上、ほぼ右肩上がりで成長してきたフランチャイズ業界ですが、近年、業界の優等生といわれた大手コンビニ・チェーンにおいても、さまざまな軋みが表面化しています。一部のメディアでは、フランチャイズという経営システムそのものに問題があるような論調も見られます。

しかし、1300以上のチェーンが存在し、26兆円を超える市場規模を誇るこの業界全体が衰退に向かっているというわけではありません。トラブルのニュースが醸し出すイメージで、業界全体を評価するのは大きな間違いです。

フランチャイズ・ビジネスを成功させるためには、フランチャイズ本部が加盟店に提供するフランチャイズ・パッケージ――理念、ビジネス・パッケージ、フランチャイズ・システムの3つの要素で構成される――を、時代の変化に応じて変えていかなくてはなりません（79ページ参照）。

大手コンビニに起こっている問題は、まさにこのフランチャイズ・パッケージが時代に合わなくなってきているということです。時代に合わせた改革や調整が遅れてしまったために、耳目を集めやすい問題が一部に生じたということであって、決してフランチャイズ・ビジネスそのものが衰退傾向にあるわけではありません。

私は、フランチャイズ業界に40年以上関わってきました。最初はフランチャイズ本部のスタッフとして、その後は経営コンサルタントとして、２００社以上のフランチャイズ本部の立ち上げに関わってきました。その多くが、フランチャイズ本部として10年、20年を経て、当初は想像できなかったような事業拡大を実現しています。直営店が数店しかなかったような規模から１０００店を超える規模にまで成長したチェーンもあります。１００億円以上の売上を実現している企業も数多く出現しています。

フランチャイズ・チェーンが成功するための方法をお伝えするのが本書の目的ですが、本論に入る前に、根本の根本を押さえておきましょう。

フランチャイズ・チェーンが成功するためには、まず、お客様がそのお店を利用することに価値を見出してくれるかどうかという「**顧客価値**」が原点となります。顧客価値が高まれば、いわゆる繁盛店が生まれるということです。

つぎに、加盟店がその本部に加盟していることに高い満足感を感じているという「**加盟店価値**」の維持が不可欠です。つまり、加盟店がその本部に今後も引き続き加盟してその事業を続けたいと思ってくれるということです。

そして、顧客価値と加盟店価値が両立した結果として可能になるのが「**フランチャイズ本部収益の最大化**」であり、これを実現させる構造の構築がフランチャイズ本部には求められます。

大手コンビニの例で考えると、お客様のさまざまなニーズを取り込み、お客様の満足度を高め続けてきたことによって、各加盟店も売上を伸ばし続けてきました。人々の暮らしを支える社会的インフラとして、地元に欠かせない存在として、それぞれのお店が繁盛してきたわけです。

しかし、加盟店の経営という面から見ると、競合激化による売上高の伸び悩み、働き手不足による人件費アップなどによる利益の減少という負のサイクルに陥っているところが増加し、加盟店価値に関しては低下しているところが多くなってきています。この点が、最近の本部と加盟店間のトラブルの大きな要因となっているのです。

本部は加盟店価値を高めるために、ブランド内競合を回避するための新規出店の抑制、既存店の生産性向上のための投資増、フランチャイズ・チャージ（ロイヤルティ）の引き下げなどの施策を打つことになり、それが短期的には本部収益の減少を招いているわけです。

短期的には好ましい結果ではありませんが、顧客価値と加盟店価値の向上に向けたさまざまな施策が効きはじめれば、中長期的にはさらなる発展の可能性は高いといえるでしょう。社会的インフラとして暮らしのすみずみに浸透したコンビニが、このまま衰退してしまうということは考えにくいことでもあります。

フランチャイズ・ビジネスが今後も成長すると予測できるのは、このシステムの特性が時代に合致しているからです。フランチャイズ・チェーンは、本部と加盟店がお互いの経営資源を補完することで成り立っています。つまり、B to Bのシェアリング・エコノミーそのものともいえます。

中長期的に考察すると、シェアリング・エコノミーの時代は続くと予測されます。企業においてもすべてを自前でまかなう時代ではなくなっています。魅力的なプラットフォームがあれば、多くの企業がそれを共用する時代になっていくでしょう。

フランチャイズ・システムは、本部が開発した成功業態を第三者に提供し、その経営システムを共用するというものです。経営環境は恐ろしいほどのスピードで変化しています。自力で新業態を開発して事業拡大することにこだわっていたら、時代の変化に適応できなくなってしまいます。

フランチャイズ・システムは、直営展開と比べて、本部側も加盟店も事業拡大に要する時間が短縮でき、コストも低減できるという大きなメリットがあります。したがって、今後ますますその適用範囲が広がり、業界全体は拡大していくものと推察できるのです。

しかし、フランチャイズ・システムが今後も成長するとはいっても、どんな本部でも成功するというわけではありません。前述したように、「顧客価値」「加盟店価値」の向上の結果として「本部収益」の最大化を実現することがフランチャイズ・チェーンの成功サイクルですが、この**成功サイクルを創出するためには、フランチャイズ本部を新たに構築する段階から、将来の事業拡大を念頭に置いて「フランチャイズ・パッケージ」をつくり上げる必要があります。**パッケージの魅力を高めるための制度設計を行ない、その制度を運用するための本部機能整備を計画的に実施していく体制づくりが求められます。

加盟金とロイヤルティの金額を決めて、ネットからダウンロードしてきたフランチャイズ契約書を少し手直しすればスタートできるほどフランチャイズ・ビジネスは安直なものではありません。**加盟店が永続的に加盟し続けたくなるような本部づくりを目指すことが、成功の鍵となるのです。**

本書は、２０００年2月にダイヤモンド社から出版された「成功するフランチャイズ戦略」を改題、時代変化に合わせて大幅に加筆したものです。ちょうど20年前に書いたものですが、フランチャイズ本部として成功するための原理、原則は全く変わっていません。

本書の舞台として登場するファストフード型のイタリアンレストラン「ミラノエクスプレス」も、いま登場しても十分魅力的な業態になるのは間違いないでしょう。

本書では、ミラノエクスプレス社が一年間をかけてフランチャイズ本部を立ち上げ、加盟店の募集を開始するところまでをストーリー形式で描きました。その時間と活動の流れの中で、**考えるべきこと、行うべきこと、外してはならないことを盛り込みました。**私の40年の経験と、２００社以上との関わりで得た知見を最大限盛り込んだつもりです。

理解していただきやすいように、本部構築のステップを章に分け、それぞれのテーマごとに担当者を登場させて話を進めています。実際にみなさまが本部構築に取り組まれる場合は、担当者が1人だけということもあると思います。スケジュールも、1年間ではなく、もっと短期間での実現をめざす方も多いと思います。

ご安心ください。フランチャイズ・ビジネスは、できるだけ少ない本部人員で運営できるということと、スピーディに事業拡大を実現できるという点が大きな魅力です。本書と同じ人員が必要というわけではありません。スケジュールに関しても、本郡構築業務の重点化と優先順位付けをきちんと行なえれば、もっと短期間でも十分に準備することができます。

また、本書の舞台がレストランなので、飲食ビジネス以外の読者の中には、あまり参考にならないと思う方がおられるかもしれませんが、そんなことはありません。各章の終わりにある「成功のステップ」を順にたどってみてください。フランチャイズ本部構築の本質が分かるはずです。**フランチャイズ・チェーンで成功する本質は、業種・業態が異なっても変わるものではないのです。**

本書を読んで、成功するフランチャイズ本部とはどういうものか、どうすればそれを構築できるのを理解していただければ幸いです。この本が、フランチャイズ・ビジネスで事業を強化、拡大したいとお考えの経営者のみなさまの背中を押すものになることを願っています。

成功するFC戦略
フランチャイズ
本部構築の
9ステップ

CONTENTS

1 経営理念を見つめ直す

フランチャイズ化に向けた準備──11

2 成長するための最適な方法か？ 自社のフランチャイズ適性を知る —— 45

7 フランチャイズは「人づくり」が命 ―― 195

人材教育の重要性

成功するFC戦略
フランチャイズ本部構築の9ステップ

プロローグ
新たな飛躍の決意

「もう少し陽気で明るい街だったはずだが……」

ミラノ中央駅の改札を出て階段を下りると、なんだか無愛想にタクシーが停まっていた。モンテナポレオーネ通りに近いホテル名を告げると、タクシーはぶっきらぼうに走り出した。古びたタクシーの窓から見えるミラノの街並に、宮田雄一は以前来たときには感じなかった物寂しさを覚えた。

2月の夕方6時といえば、冬の装いはまだまだ強い。東京より北に位置するミラノが、北ヨーロッパの街が持つ特有の寂しさを感じさせるのも無理はなかった。

宮田は、商社時代の先輩が、パリで新しい事業をスタートさせたのでぜひ訪ねてほしいという求めに応じて、久方ぶりにヨーロッパを訪れていた。ミラノに足を伸ばしたのは、自分が経営するレストランチェーン「ミラノエクスプレス」の将来の方向性を再考し、イタリア料理の新しい潮流を探るためだ。

以前滞在したミラノは、宮田にとってもっと華やかで生き生きした街だった。

5年前の冬、宮田は、永年勤めた商社を退職してすぐ、約3カ月間イタリア各地を旅した。東京・銀座でイタリア料理のカフェテリアスタイル・ファストフードレストランを開業するため、その視察のためにミラノを訪れたのだった。

あの頃、これから始まる新しいビジネスに対して希望に満ちあふれ、わくわくした気分で毎日を過ごしたのを昨日のことのように覚えている。あのときは、がむしゃらに街中を歩き回り、さまざまな店を覗いては食べ、店の人たちに質問を浴びせる毎日を送った。

しかし、今回はあの頃の情熱が自分の中に感じられない。その感情の違いがミラノの印象をいっそう寂しくさせているようだった。

5年前に開業したミラノエクスプレスは順調に成長し、いまでは東京都内に10店を数えるまでになっていた。ミラノエクスプレスは、ピザ、イタリアンサンドイッチ、パスタ、デリカテッセン、サラダ、デザートと各種ジェラートにドリンク類を主なメニュー構成にしたカフェテリアスタイルのファストフード型レストランである。テイクアウト、イートインともに可能で、朝から夜まですべての時間帯に対応していた。日本では他に例のない新しいタイプのレストランであった。ミラノエクスプレス社は年商18億円、従業員も正社員だけで40名、アルバイトを加えると数百名を数える規模に達していた。

宮田は、まわりからは成功を収めた企業家として評価されるようになっていた。しかし、彼自身はなにか満足できない自分に気づいていた。

パリからのユーロスターは快適だった。日本の新幹線よりもゆったりとした座席配置が長時間の旅にもゆとりを感じさせた。しかし、そんな快適な車中でも、宮田はずっとある思いにとらわれていた。パリでの先輩の熱っぽい口調に比べると、いまの自分が創業時の熱意を失ってしまっているのではないか、人生に新しく挑戦する気概を持たなくなってしまっているのではないか、という疑問であった。

「成功者か……本当に俺はいまのままで満足できているのだろうか。たった10店の、それも東京だけで展開していて、どれほどの人に喜んでいただいているというのだろう。いまのペースで出店していっても、せいぜい1年で2~3店が精一杯。それでどれだけの人にミラノエクスプレスを利用してもらえるのだろう。せっかく始めた素晴らしい店なら、できるだけ多くの人に喜んでもらわなければ意味がないのではないだろうか」

一店一店の成功しか考えていなかった頃は思いもしなかったのだが、5年経って10店舗が軌道に乗ってくると、宮田はかえって現状に満足できなくなっていた。

そんな気持ちを抱えたまま5年ぶりに訪れたミラノが、希望に満ちていた前回の訪問のときより寂しく感じられたのは仕方のないことだったのかもしれない。

翌朝は快晴だった。

天候のせいか、昨夕感じた寂しさはそれほど強く迫っては来なかった。

「ミラノエクスプレス」が創業時に参考にしたＢＡＲは、以前と変わらずミラノの街のあちこちに健在であった。イタリアの人たちには欠かせない存在として、相変わらず多くの人たちに憩いのひとときを提供していた。

5年前のミラノでほぼ毎日通い、現在のミラノエクスプレスに大きな影響を与えたＢＡＲを訪れた宮田は、マリオじいさんが健在だったことがうれしかった。いつも大声で「グラッチェ」といいながら、日本の倍はあろうかと思われる大きなサンドイッチを手渡してくれたものだ。

「やあ、マリオ。久しぶり。私のことを覚えてる？」

「ああ、もちろんだとも、ミヤタさん。ずいぶんご無沙汰だったじゃないか。事業はうまくいってるかい」

「ええ。なんとか10軒までふえたよ。マリオが当時いろいろ教えてくれたおかげだよ。ところでマリオのところはどうだい」

「それはよかった。うちは変わり映えしないよ。でもこっちにもアメリカからいろいろなチェーン店が入ってくるし、国内の新しいチェーン店も増えているので、店を閉じる仲間も多いよ。うちも俺の代で終わりかな」

「寂しいことを言わないでよ。でも確かに5年前と比べるとずいぶん変わったね」

ちょっと歩いただけではそれほど気づかなかったが、日本に比べると変化の少ないイタリアにも、流通の世界的変化の波が確実に訪れているようであった。

宮田は、イタリア文化の象徴のようなＢＡＲが少なくなっていくのは忍びなかったが、世界的な潮流には逆らえないという事実を実感させられた。

「昔ながらのＢＡＲも結構頑張っているみたいだけど、新しい店もずいぶん増えたなあ。以前と比べると街の印象が変わったようだね」

確かに多くのＢＡＲは以前のまま営業していたが、宮田は、アメリカ資本のチェーン店が増えたことに改めて驚かされた。

「世界中の街で必ず見かけるマクドナルドやスターバックスのパワーには驚かされる。このパワーはどこから来ているのだろう。確かに商品やサービス、店のイメージづくりには優れたものがあるのだろうが、それだけで世界中に出店するというのは至難の業だろう。**世界中で共通して成功するための秘訣があるはずだ**」

「ミラノエクスプレスはＢＡＲを原型にはしているけれど、ＢＡＲのような個人商店ではないから、企業として維持していくには、店舗網を拡大していかなければならない。マクドナルドのようにもっともっと多くの人に利用してもらわなければいけない」

宮田はミラノエクスプレスの商品にもサービスにも絶対の自信を持っていた。しかし、**5年間で10店にするだけでも大変な人材と資金を要した。これをもっと速いペースで増やそうとすれば、いままでのやり方ではうまくいかないのは分かっていた。**

ＢＡＲは確かに1店1店が個性的で魅力な店が多かった。そして、オーナーの個性や魅力が多くのファンを生んでいた。

「ＢＡＲの持つ個性と大手チェーン店の持つ合理的なシステムを融合させれば、もっと多くの人たちに受け入れられる素晴らしい事業展開が可能なのでは？」

「特長を殺さずに短期間で急速に拡大できるシステムがつくれるはずだが……」

「世界的にみると、マクドナルドなど大手チェーンの経営システムはフランチャイズ・システム（ＦＣシステム）による地元企業の運営がベースとなっている……」

宮田は以前、経営者セミナーでフランチャイズ・システムについて勉強したことがあり、急速な事業拡大を成功させるには最適な経営システムであることを理解していた。もちろん、いまミラノにいる自分の目の前にあるマクドナルドも、フランチャイズ・システムを採用することで現在の店舗網を実現していた。

「フランチャイズ・システムか……ミラノエクスプレスは、プロのコックがいなければできないわけじゃないし、入社して間もない20才代の人間が短期間で責任者になれるような仕組みもできているわけだから、フランチャイズ・システムによる展開も可能かもしれない。ミラノエクスプレスはフランチャイズ展開に適した業態なのではないだろうか？


フランチャイズ展開できれば短期間で多くの出店が可能になる。そうすれば、もっと多くのお客様に利用してもらえるようになる。日本に戻ったら、みんなとぜひ検討してみよう。ミラノエクスプレスの新しいステージが見えるかもしれない！」

快晴とは言え、冬のミラノは日が落ちるのが早い。そんなに広くないミラノの街を一人で歩きまわって気がついたときには、肌寒い風が宮田の身体を包み始めていた。ミラノの夜は長い。夕方の

6時といってもまだ夕食には2時間くらい早い。街を行き交う人もそれほど多くなかった。

しかし、宮田は、昨夕ミラノ中央駅からホテルに向かうタクシーの中で感じた暗くて寂しい印象をすっかり忘れ、5年前と同じ生き生きとした陽気なミラノを感じていた。繁華街からほんのちょっとはずれたBARとマクドナルドが並ぶ交差点に立った宮田は、ミラノエクスプレスの将来が急に明るく開けたような、高揚した気分になっていた。

1

フランチャイズ化に向けた準備

経営理念を見つめ直す

事業の新たな飛躍に向けて

「明日幹部会を開きたいので、全員を集めてくれませんか」

銀座にあるミラノエクスプレス本社の社長室――。窓からは、ひっきりなしに車が行き交う首都高速、近代建築の粋を集めたような全面ガラス張りの東京国際フォーラムの威容が見える。

さらに視線を落とせば、高速道路下の歩道沿いに立つ八重桜の並木があるが、いまの季節は、葉を落とした枝がまっすぐ空に伸びている姿が見えるだけであった。

宮田はミラノから帰ってすぐ、秘書の橘尚子《なおこ》に指示をした。

「議題は何でしょうか？　時間はどうしますか？」

システム課長も兼務している几帳面な橘は、せっかちで説明が足りないことの多い宮田から指示を受けると、細かく確認してから動く習慣が身についていた。

それは、事業の性格ゆえに時間が不規則で、あちこち飛び回っている宮田にも、社員たちにも、非常にありがたいことであった。

「来期の経営計画を作成するためのプレミーティングを開きたいのです。時間は午後4時から6時まで。終わった後は私の出張報告も兼ねて簡単に食事をしましょう」

翌日、社長室の一角にある会議室に集まったのは、社長の**宮田雄一**をはじめとして、**高山修吾**（専務）、**東田進**（取締役営業部長）、**河本良二**（取締役企画部長）、**渡辺佳雄**（取締役人事・教育部長）、そして**橘尚子**（秘書兼情報システム課長）の6名であった。現在ミラノエクスプレス社は、この6名の幹部によって運営されている。

午後3時50分には、全員が席に着いていた。いつものように、宮田がホワイトボードを背にして奥の正面の席に座り、両サイドに各人が座った。

まず、宮田がみんなを見渡しながら話し始めた。

「お忙しいところ集まっていただき、ありがとうございます。本日は、来期の経営計画を作成するにあたってのプレミーティングを行なうため、集まっていただきました。

当社も創業以来5年を経過し、店舗も10店を数えるまでになりました。ご存知のように、みなさんのおかげで今期も増収増益で、売上高も20億円を超える予定です。ただ、**世の中の変化が早く競争も激しいので、このまま成長しつづけられる保証はどこにもありません。**そこで、5年、10店、売上高20億円という区切りの年を終えるにあたって、みなさんといっしょに、もう一度わが社を見つめ直して、来期以降の経営方針を検討していきたいのです」

一度話を切って、宮田は、参加者にゆっくり問いかけるように話し始めた。

「ミラノで思ったのですが……みやげ話は会議が終わってから食事のときにしますが……ミラノエクスプレスをもっと増やしたいのです。増やすといっても、いままでのペースでゆっくり着実にといったイメージではありません。もちろん、そんなに簡単に急に増やせるとは思っていませんが、**とにかくいまよりもっと多くの人たちに利用してもらい、喜んでもらいたいのです。**そして日本全国に広げて、フードサービス業で日本一のチェーンにしたいのです」

ちょっと間があってから、専務の高山がやや関西弁交じりのイントネーションでたずねた。

「社長、急にどんどん増やす言われましても……5年でようやく10店ですよ。その間どんなに人と資金で苦労してきたかお忘れですか？」

創業時から宮田以上に資金面で苦労してきた高山は、同級生という気安さもあり、つい宮田に苦言を呈する役回りとなってしまう。

最近ようやく金融機関からも信用され、資金繰りも安定してきたばかりだというのに、いったい宮田は何を考えているのか、と心配になるのも仕方のないことであった。

「高山専務、心配はよく分かるよ。でも、**創業のとき、いっしょによく夢を話し合ったじゃない。**2人で日本一のチェーンにしようって」

「確かにそんな話を毎日してましたけど、あれはあくまで夢で……」

「夢って、実現させるものだと思うんだよ」

ちょっと遠くを見るような目をして、宮田は、ミラノの情景を思い浮かべながら続けた。

「たしかに専務の言うとおり、いままでのやり方では、10年かかっても日本一になることなどできないのはよく分かっています」

宮田とはマーケティング戦略などでよく議論を戦わせ、宮田が裏付けなしにこんなことを言い出すはずがないことをよく知っている企画部長の河本が、口をはさんだ。

「なにかお考えがあるのですか？」

「まだ、思い付きなんだけど……フランチャイズをやろうかと思って」

フランチャイズという選択肢

「フランチャイズ？　フランチャイズってあのハンバーガーショップやコンビニで展開しているシステムですか？」

ミラノエクスプレスの最前線を仕切っている営業部長の東田が、自店といろいろなところで競合しているハンバーガーショップを思い浮かべながら、宮田の言葉を繰り返した。

日本では、マクドナルド、モスバーガーなどのハンバーガーショップやドトールをはじめとしたカフェなどがフランチャイズ展開に熱心であった。

小売業でいえば、セブン-イレブンに代表されるコンビニエンス・ストアがフランチャイズ・システムで急速に店舗網を拡大していた。

「うちがフランチャイズなんてできるんですか？」

他のチェーン店と違って、ミラノエクスプレスは個性的で独特の業態をつくり上げているという自負からか、フランチャイズで簡単に多店舗化なんてできるはずがないという思いの強い東田は、さらに続けた。

「できるかできないかはこれから考えるんだが、全国にミラノエクスプレスを広げていくには、最適の方法ではないかと思うんだ。渡辺部長はどう思いますか？」

ミラノエクスプレス社に入社する前は、大手のレストランチェーンでチーフトレーナーを務めていた人事・教育部長の渡辺に、宮田は意見を求めた。

「ミラノエクスプレスがフランチャイズとして成立するかどうかは現時点では判断しかねますが、全国に広げるという話には大賛成です。しかし、フランチャイズしかないかどうかという点は、私にはよく分かりません」

渡辺は、大手企業で長い間トレーナーをやっていただけあって、慎重に言葉を選びながらも、宮田の話に大きな興味を抱いていた。

橘以外がひととおり発言したところで、宮田はもう一度自分の話を整理した。

「では、話を戻して、一つずつ確認しながら検討していきましょう。まず、ミラノエクスプレスを日本全国に広げていくという点については、いかがですか？　海外については、もう少し目処が立ってから考えていきたいと思いますが」

「その点については、まったく異存ありません。会社が大きくなるということは、私も、もっと偉くなるということですよね？」

　役員最年少の東田が、勢いよく真っ先に答えた。

「私も、先ほど申し上げた通り、大賛成です」

　冷静な渡辺が続いた。

「日本全国といっても、立地によっていろいろと事情もあるでしょうからなんとも言えませんが、目標として日本全国から世界にまで目を向けるというのは、基本的に賛成です」

　河本もマーケティングの総責任者らしく、少し回りくどい表現ながら、宮田の思いに同意した。

「『夢はかなえるもの』。忘れてましたよ。創業時を思い出して、もう一度チャレンジですね。ぜひ実現しましょう」

　さっきは渋っていた高山も、だんだん宮田の話に乗せられているようだ。

「橘さんは、どう？」

　先ほどから黙って書記役を務めていた橘は、目の前のノートパソコンから目を上げて言った。

「私ですか……もちろん賛成です」

　宮田の経営理念に心酔して入社した橘にとって、そんなことは聞かれるまでもなく、最初から大賛成だった。

「ミラノエクスプレスを日本全国に広げていくという点では、みなさん賛成でよろしいですね」

「はい」

　全員が、宮田の顔を見て大きくうなずいた。

橘はパソコンに、

「**ミラノエクスプレス、日本全国へ。参加者全員賛同**」

と打ち込んだところで、みんなの顔を見回した。なんだか、全員がいつもより生き生きとしているように見えた。

「みんなが夢に向かって一つになったみたい……」

橘は最後に宮田の顔を見て、心の中でつぶやいた。

「では次に、その方法としてフランチャイズ・システムを採用したいという点については、いかがですか」

宮田は、これしかないという思いを強く持ちながらも、**幹部の協力がなければ成功しないことを十分に分かっていた。そのため、一つずつ順を追って、わざわざ各人に確認したのだった。**

「フランチャイズ・システムといっても、言葉はよく聞きますが具体的にどういうシステムかが分かりません。どなたかご存知ですか？」

営業部長の東田が、みんなを見回した。

「具体的に細かい点までは説明できませんが、ポイントだけなら私が説明できます」

大手チェーン本部に在籍していた渡辺が答えた。

「じゃあ、渡辺部長、簡単に説明してください」

宮田が渡辺を促すと、渡辺は「失礼します」と言って、宮田の後ろのホワイトボードにポイントだけを箇条書きし、説明を始めた。

フランチャイズ・システムとは

①フランチャイズ本部が直営で成功させた業態を、加盟者に開業、運営させる権利を与えるシステム。
②本部は加盟者からその対価として加盟金やロイヤルティを徴収する。
③本部と加盟者に資本関係・雇用関係はない。
④本部と加盟者は契約によってその権利と義務が規定されている。

本部のメリットとデメリット

①加盟者の資金と人材で出店できるので、急速に多店舗展開が可能。
②他人資本が経営体に参加するので、経営者にとっては煩わしさが多くなる場合がある。反面、経営の透明性が増し、企業体質が強化される。

「私もきちんと調べたわけではないので、まったく不十分ですが、大まかに言えばここに書いたような内容を持つ経営システムです」

「どうですか、みなさん分かりましたか？」

宮田が、みんなの理解度を測るように聞いた。

「はい。だいたいのイメージはつかめましたが、具体的にどういうしくみなのかという点については、まだちょっと自信がありません」

先ほど質問した東田が答えた。

他の参加者も東田と同じらしく、大きくうなずいている。

「今日のところは、きちんとした資料もないし、フランチャイズ・システムについては、後日勉強ということにしましょう」

宮田は、このままこの議論を続けても、結論を出すための知識やデータが少なすぎると思い、この件についてはいったん議論を終えることにした。


「ところで、ミラノエクスプレスを日本全国へという目標はできたわけですが、**よく考えてみると、わが社にはこれまで、体系立った会社の方向性や経営の方針などがなかった**ように思うのですがいかがですか？ 社員心得やお客様に対する基本精神などはあるのですが、きちんと体系化されていないというか……」

宮田はミラノからの帰りの機内で、ミラノエクスプレス社が新しいステージでさらに成長するためには、経営の基本的な考え方をもう一度はっきりさせ、社員全員でしっかり共有する必要があると感じていた。そこで、幹部に対してこの話題を切り出したのだった。

「たしかに、わが社には明確な理念が存在しているとは言い難いですね。おっしゃるとおり、ここらで明確にする必要はあると思います」

企画部長の河本が答えた。彼は、ミラノエクスプレスのショップ・コンセプトはどうあるべきかといったことを常に意識して、マーケティング戦略を構築しているため、宮田の言う企業理念という話に関しては、非常に関心が高かった。

「ぜひ、やりましょう。これだけの規模になって、いろいろな人が入ってきてますから、やはり大切なことですよ。まして全国展開を目指すなら、どうしても必要です」

「いいですね、ぜひ」

専務の高山が賛成するのに、東田も続いた。

「次回、わが社の理念体系を再構築するということで集まりたいと思います。ただ漠然と議論するというわけにもいきません。検討するステップがあるはずですから、それに基づいて行ないましょう。河本部長がいちばん専門に近そうだから、理念体系検討ステップを調べて、参加者に準備することや考えてきてもらうことがあれば、前もって連絡しておいてください。日程は、来週月曜日の定例会議の後にしましょう」

橘が次回の予定をパソコンに打ち込んだところで、宮田が言った。

「渡辺部長、先ほど途中で終わってしまったフランチャイズ・システムについてみんなで勉強したいので、導入ステップを含めて調べておいてもらえませんか。1カ月後の定例会の後に検討したいのですが」

「はい分かりました」

橘が議事録を打ち終えるのと同時に、時計の針はちょうど6時を指していた。

「では、私の出張報告を兼ねて会食をしたいと思いますので、6時30分に千成《せんなり》へ集まってください」

宮田は、「千成」という名前が縁起がよいのと、好物の魚介類がおいしいということで、なにかあると本社近くのこの日本料理店をよく利用した。

この日は、先ほどの会議で、大きな夢に向かって第一歩を踏み出したということで気持ちが高ぶっていたのか、誰もがいつもより饒舌で、気づいたときには、もう暖簾がしまわれる時刻になっていた。

「みんなの気持ちが一つになれば絶対に成功できる」

店を出た宮田は冬の乾いた冷気に包まれながらも、みんなといっしょに新しいスタートを切れるという喜びに興奮している自分を感じていた。

「会社の理念」とは？

次回会議の運営責任者を任された河本は、自分がいままであまりに自社の理念について考えていなかったことに、少しの驚きと腹立たしさを感じていた。

「ショップコンセプトの明確化なくして、ミラノエクスプレスの成功はない」

「ミラノエクスプレスの業態としての位置づけは、こうだ」

などと、日頃から部下や広告代理店の連中と議論するのが好きな河本であったが、いざ自社の理念といわれると、返答に窮してしまったのである。

「会社の理念を構築するには、いくつかのステップがあるはずだと社長がおっしゃっていた。そこから調べて、みんなに依頼する事項を固めてしまおう」

河本は、翌日さっそく書店で会社の理念体系に関連する本を数冊買い込み、どうやってそれをつくり上げていくか自分なりにまとめてみた。


ミラノエクスプレス社・理念体系の構築ステップ

①現在存在する会社の中の理念に関するものを集約する（例：社員心得、お客様に対する基本精神、社長の談話等）
②自社の事業定義を明確にする（事業コンセプトの明確化）
③企業の社会における存在価値を明確にする（存在価値の明確化）
④経営の基本的な指針を明確にする（経営理念の明確化）
⑤社員に求める行動の価値観や指針を明確にする（行動規範の明確化）

「言葉の表現は、いろいろとあるようだが、大まかなステップとしてはこんな感じでいいだろう。みんなには、現在、社内にある理念に関わる文章や標語を持ち寄ってもらおう。それから、社長がマスコミのインタビューなどで話されたものも用意してもらおう」

河本は、さっそくメンバーに対してメールを送信した。

「次回の理念検討会議までに、現在、社内に存在する理念に関係すると思われる文章、標語、スローガンなどをご準備ください」

そして続けて、社長秘書の橘に、「社長の過去のマスコミでの談話やインタビュー記事を、次回の会議までに準備してください」という依頼も送信した。

「社内の資料はこれでOK。後は、他社の事例を参考として準備しておくか」

河本は、買い込んだ本の中から何社かの事例を抜粋するとともに、部下に対して他社の会社案内を集めるよう指示を出して、準備を終えた。

これまでの経営を振り返る

2月22日午後1時30分。全員が、社長会議室の所定の席についたところで、予定通り「**理念体系の明確化**」というテーマで幹部会が始まった。

運営責任者の河本は、先日、自分なりにまとめた検討ステップを参加者に説明したうえで、みんなが持ち寄った理念に関わる文章や標語を、ホワイトボードに書き出した。

社員心得

①お客様の満足を第一に考えよう。
②いつも笑顔と挨拶を忘れずに。
③規律と時間を厳守しよう。
④積極的に考え行動しよう。
⑤仕事を愛し、コミュニケーションを大切にしよう。

お客様に対する基本精神

① 愛と真心と感謝を込めて、お客様と接しよう。
② お客様の問いかけには、誠意を持ってお答えしよう。
③ お客様と話すとき、ミラノエクスプレス社の代表は、あなた。
④ お客様のクレームを、明日の糧にしよう

スローガン

「イタリアの本物の味わいを、スピーディーに！」

社長の談話

① イタリア料理を通じて、お客様に幸せなひとときを提供していきたい。（経済誌）
② ミラノエクスプレスの特徴は、本物、速さ、楽しさです。（企業紹介のＴＶ番組）
③ ミラノエクスプレスは、従来のファストフードとレストランの境界を埋める新しいタイプのファストフードレストランです。提供するものはイタリア料理ですが、お客様に喜んでいただきたいのは、本物の味と、お店の雰囲気、気取らないサービスです。（フードサービス専門誌）

「以上がみなさんにご準備いただいたものを、ひととおり整理したものです。それぞれに、わが社の経営思想が詰まっている言葉で、改めて見てみると素晴らしい言葉ばかりだと思います。ですが、きちんと体系だってつくられたものではありません。今回、それぞれの関連性や意味をはっきりさせる必要があると思います」

河本は、ホワイトボードの前で、書き出した言葉を眺めながら話を続けた。

わが社は何業?

「では、ステップに従って順に検討したいと思います。まずは、わが社の**事業コンセプト規定**をどうするかということです」

「河本部長、事業コンセプト規定というのは具体的にはどんなふうに考えればいいんですか。わが社はイタリア料理のファストフードレストランと、はっきり言っているはずですが」

専務の高山が、いつもの関西訛りのイントネーションで口をはさんだ。

「たしかに、おっしゃる通りの表現でもかまわないと思うのですが、**事業コンセプト規定は社会に提供するベネフィットを表現したもの。たとえば、『鉄道業』というよりは『人と物の運搬業』という表現のほうが、事業展開の幅が広がり、社会の環境変化に適応しやすく、企業の存続が図れる**と言われているんです。従って、わが社も必ずしもイタリア料理にこだわる必要はないし、ファストフードレストランという形に縛られる必要もないと思うのです」

「河本部長の言う通りかもしれないね。われわれは、いつも忙しいお客様にちょっとした安らぎや生活の潤いを味わっていただくために、ミラノエクスプレスを展開しているはずだから。イタリア料理が好きで本場の美味しさを知ってもらいたいということもあるけれど、会社としては、頑固にいまの形にだけこだわる必要はないかもしれない」

宮田が河本の意見に同意したことで、事業コンセプト規定についての表現を改めて検討していこうという流れになった。

「**みなさん、わが社を何業だと規定するのが最もふさわしいとお考えですか**」

河本が、全員をゆっくりと見まわした。

「イタリア料理にこだわるのか、ファストフードレストランという形にこだわるのか、それともフードサービスだけにこだわるのかという点の同意が、まだわれわれの中でできていないのではないでしょうか」

教育の責任者らしく、渡辺が論点を整理するように自分の中の疑問点を投げかけた。

「社名からもわかるように、イタリア料理から離れてしまうと、わが社は**存在価値**がなくなってしまうような気がするのですが……」

現在のミラノエクスプレスの業態を現場でつくり上げてきたという自負からか、営業部長の東田は、事業コンセプト規定が抽象的になって現在の業態から離れすぎることには抵抗があった。

「現在の業態で、日本一のチェーンにしたいですね。だから『イタリア料理を通じて、人々に何か素晴らしいものを提供する』というような表現がいいのではないですか。それがなにかは、みんなで検討するということで……」

高山専務が珍しく強気に、簡単に決めつけようとした。

「本当にイタリア料理にこだわる必要がありますか？　社長、いかがですか」

かなり広い規定をイメージしていた河本が、ややいらついたように宮田に助けを求めた。

「現在は、イタリア料理にこだわりたいというみんなの気持ちはよくわかる。ただ、イタリア料理といっても、日本的にアレンジされたりしている面も実際にはあるので、もう少し幅広い表現でもいいかなとは思うね」

宮田は、やや歯切れの悪さを見せながらも、環境適応を考えると、ある程度柔軟性のある幅広い表現に近づけたほうが良いと考えていた。

「当面、わが社が現在のミラノエクスプレス以外のものを積極的に手がけるということはありませんよね」

河本が確認するように言うと、

「それは、絶対に考えられませんよ」

東田がすぐに反応した。

「では、やはりイタリア料理にこだわった表現が必要ですか」

「イタリア料理という言葉は、なんらかの形で入れるべきですよ」

「いまの段階では、イタリア料理という言葉は必要と違いますか。一度規定したら永遠に変えられないということはないんでしょう」

高山が東田に同意した。

「イタリア料理をコアにして、というような表現にすればどうですか」

渡辺が全体の意向をまとめるように話すと、

「そうだね。**いまの段階であまり大きな表現にしすぎると、わが社の特徴が見えなくなってしまう恐れもある。**その表現がいいかもしれないね。どうだい、河本部長」

宮田が、結論づけるように河本を見た。

「はい。現段階では私も、イタリア料理をコアにして、というような表現が適切だと思います。では、次に、ファストフードレストランという表現はどうですか」

河本が、さらに全員を見渡して意見を求めた。

「その表現はなにかありふれていて、わが社のユニークな業態が表現できないような気がして好きじゃないんですよ」

東田が言うと、

「私も、ファストフードという言葉は陳腐化していると思います」

渡辺が続いた。

「ミラノエクスプレスの業態表現としては、ふさわしくないかもしれないね。ハンバーガーショップのような、無機質で子供っぽいショップでもないし、本格派のレストランでもない新しいタイプのフードサービス業だから」

「ミラノエクスプレスがお客様に提供したい『親しみやすさ』、『くつろぎ』そして『本物の味』といった点が、表現として含まれていることが大切じゃないかな」

宮田は答えながら、ミラノのBARの賑わいを思い出していた。

「**お客様に感じていただきたいベネフィットって、何になりますか**」

河本が、念を押すように聞くと、

「美味しさ。楽しさ。くつろぎ……」

これまでまったく議論に参加せず、ひたすらみんなの議論に耳を傾け、パソコンに話の要点を打ち込んでいた橘が、これだけは自分の思いを知ってもらいたいというように急に口をはさんだ。

「すみません、急に。でも私がミラノエクスプレスへ行くのは、本物のおいしさが味わえて、気取らない楽しさも実感できて、気持ちがくつろげるからなんです。みなさんもきっとそうだと思うんですが」

「橘さんの言う通りだね。ミラノエクスプレスは味だけでもなく、気取ったサービスでもなく、彼女が言った3つがすべて満たされなければならないと思うね」

宮田が、橘の言ったことに全面的に同意した。すると全員が「そのとおり」という表情でうなずいた。

「いままでの検討結果をまとめると、次のようになると思います」

ミラノエクスプレス社　事業コンセプト規定

イタリア料理をコアにして、日本全国の人たちに、本物の美味しさと気取らない楽しさとくつろぎのひとときを提供する事業を行なう。

「前回、日本中に広げるという点では全員が同意されましたので、事業の対象として、日本全国の人たちという言葉を入れてみました」

河本は、補足説明をしながら読み返した。

「素晴らしい規定だよ。**われわれの思いが非常によく表現されていると思うよ**」

宮田が締めくくるように話すと、全員が大きくうなずいた。

わが社の存在価値は何か？

「次は、わが社の**存在価値**について、ご検討いただきたいと思います」

「企業の存在価値か……いままであまり深く考えたことがないテーマやね」

専務の高山が、過去を振り返るような目で宮田を見ながらつぶやいた。

「たしかに、みんなできちんと検討したことはなかったね。でも、お客様に喜んでいただきたいという信念だけは、常に言いつづけてきたことだよ」

宮田が高山の発言を受けて話すと、さらに河本が続けた。

「そうなんです。いままで社長をはじめ、みなさん方が、社員や取引先、マスコミにお話しになってきたことを思い出してまとめていけばいいと思うのです」

河本は、参加者の意見が出やすいように、文章ではなくキーワードで挙げてもらうことにした。

「本物の味の提供」「安らぎのひとときを」「イタリア食文化の伝統」「楽しく、くつろいだ時間を味わっていただく」「日常のストレスからの解放」「団らんの場の提供」……。

各々がブレーンストーミングの要領でキーワードを挙げていったが、なかなかこれだという言葉に行き当たらない。

「河本部長、なにか他社の事例があるとありがたいね。真似をしたいわけではなく、日頃考えていることをうまく言うための参考にできればと思って」

宮田はうまく言葉が見つからないことに少しいらついて、河本のほうを見た。

「わかりました。今回の勉強用に集めた本と、各社の会社案内にもいくつか事例が出ていましたので紹介します」

- モスバーガー「基本方針」＝お店全体が善意に満ちあふれ、誰に接しても親切で優しく、明るく、朗らかで、キビキビした行動、清潔な店と人柄、そういうお店でありたい。『心のやすらぎ』『ほのぼのした暖かさ』を感じていただくために努力しよう。
- ヤクルト本社「企業理念」＝私たちは、生命科学の追究を基盤として、世界の人々の健康で楽しい生活づくりに貢献します。
- 串カツ田中「企業理念」＝串カツ田中の串カツで一人でも多くの笑顔を生むことにより社会貢献し、全従業員の物心両面の幸福を追求する。

「各社素晴らしい理念を持っているね。**やはり成功する企業は、自分たちの思想をしっかりと明言**

し、**根づかせているんだね**」

　宮田は、いまさらながらという表情で感心した。

「もう少し、お客様の目的や社会への貢献について、大きな視点で考えてみようよ」

　と、もう一度ゆっくりと他社の事例に目を向けた。

「食を通じて新しいライフスタイルを創造する、というのはどうですか」

　いままであまり積極的に発言に参加していなかった渡辺が、ようやく考えがまとまったというように、みんなにたずねた。

「いいですね。なにか社会に積極的に関わっていくような気がしますね」

　専務の高山が最初に大きくうなずいた。

「いいね。それから、くつろぎとか楽しいひとときを味わっていただくといった観点で、なにか表現を加えたいね」

　宮田が、日頃の思いをぜひ盛り込みたいという熱意で応じた。

　河本は、運営責任者の責務を果たすべく、ここまで出た意見をなんとかまとめようと、

「それでは、『食を通じて新しいライフスタイルを創造し、ゆとりとくつろぎを感じられる社会の実現に貢献する』はどうですか」

　と話しながら、ホワイトボードに書き付けた。

「ライフスタイルという言葉をもう少し広い意味で、文化という表現にしたらどうかな？」

　宮田が、ちょっとした言い回しにもこだわりを見せた。

「後半部分は『心のゆとりと安らぎを感じられる社会の実現に寄与する』という表現のほうがいいと思います」

渡辺も宮田同様に、**こうなったら納得がいくまで細部にもこだわろう**という思いで続けた。

河本は、先ほど書いたすぐ下に、

「食を通じて新しい文化を創造し、心のゆとりと安らぎを感じられる社会の実現に寄与する」

と並べた。

「どうですか、みなさん」

河本はホワイトボードに書いた言葉を見た後、全員の顔を一人ひとり確認するように聞いた。

「なにか夢のある言葉だね。**ミラノエクスプレスという店を通じて、こんなに大きな夢を世界中の人たちに与えることができるなんて、素晴らしいことだね。**ぜひ、これでいこうよ」

宮田が、やや興奮しながら断じた。

「賛成。われわれの事業ってすごいことやってるみたいですね」

東田も興奮気味であった。

「他の方はどうですか」

河本が再度促した。

「異議なしです」

高山も渡辺も同意した。

橘は、うきうきしてホワイトボードを見ながら、キーを叩いた。

ミラノエクスプレス社　存在価値規定

ミラノエクスプレス社は、食を通じて新しい文化を創造し、心のゆとりと安らぎを感じられる社会の実現に寄与する。

宮田の頭上にかかった時計は、もう6時を指していた。

「予定を大幅に過ぎていますが、**会社の根幹にかかわる理念の体系は、誰かが一方的に決めて押し付けるものではない**と思います。引き続き検討いただきたいのですが、いかがですか」

河本は、時間がかかっても、このメンバーでじっくり議論する必要があると考えていた。

「大事なことだからエンドレスで行こうよ」

いつも会議は短時間で効率よくと言っている宮田も、内容が内容だけにあせらず検討して欲しいという気持ちを強く抱いていた。

経営の指針を決める

「次は、**経営理念**について検討いただきます」

河本は、ステップに沿って議事を進めた。

「経営理念に関しては、現在、社員心得とお客様に対する基本精神に規定されている内容じゃだめなんですか？」

ミラノエクスプレスでは、全店が開店前の朝礼時に、社員心得とお客様に対する基本精神を全員で唱和する習慣になっていた。

東田は、自分が全店に唱和を実行させているという思いから、何をいまさら改めて変更する必要があるのかという不満があった。

「みなさんで検討した結果、現在使っているもののままでよければ、変更する必要はないと思います。しかし、本当によいかどうかは、ぜひ検討してください」

河本は、東田のような現場責任者が陥りがちな現状肯定型の発想に少し抵抗を感じつつ、検討を続けてくれるよう全員を促した。

少し沈黙の時間が流れた後、東田が早く終わらせたいというように、

「社員心得の最初にある『お客様の満足を第一に考えよう』は、絶対入れるべきですよ」

と口火を切った。

その後、みんながいろいろと検討を続けた結果、

「仕事を愛し、コミュニケーションを大切にしよう」

「愛と真心と感謝を込めてお客様と接しよう」

が残った。

「現在使っているものからは、この3つが候補として残っています。この後は、事業コンセプトと存在価値に沿って必要だと思われる点を考えてください」

河本が、先に進めた。

「本物ですよ、本物の提供、これしかないですよ」

現場で従業員に口を酸っぱくして言っているように、東田がここでもせっかちに提案した。

「お客様に、ゆとりや心のやすらぎを感じていただく店づくりを考えると、『お客様だけではなく、従業員自身もゆとりと心のやすらぎを感じられる経営を行なう』というようなものが、必要なんじゃないですか」

人事担当らしく渡辺が、社員のための経営指針の必要性を挙げた。

「お客様と従業員だけではなく、わが社を取り巻くすべての人たちが幸せになれるということも必要でしょう」

高山が、創業以来いろいろと世話になった取引先企業の担当者の顔を思い浮かべながら提案した。

「存在価値にある『食を通じて新しい文化を創造する』ために、『常に新しい商品とサービスを開発しつづける』はどうですか」

企画部長として、河本が付け加えた。

こうして**各人が、自分の持ち場や日頃からの思いをそれぞれ言葉にした結果、**ミラノエクスプレス社の経営理念は、次のような内容に落ち着いた。

ミラノエクスプレス社　経営理念

①お客様の満足を第一に経営を行なう。
②常に本物だけを提供することを使命とする。

③ 社員だけではなく、わが社を取り巻くすべての人々が幸せになれる経営を行なう。
④ 仕事を愛し、相互の信頼を基本とした経営を行なう。
⑤ 新しい文化の創造を目指し、お客様に感動を与える商品とサービスを開発しつづける。

ホワイトボードに書き終えた河本は、ようやくまとまった経営理念を読み上げながら、みんなの表情を読み取ろうとしていた。

「**わかりやすいし、みんなの意思が反映されていて素晴らしいよ。私も、いままで考えていたことがすっきり整理されたようで、こんな嬉しいことはないね**」

宮田は、自分の考えが、みんなの討議の中で自然に言葉として表現されたことに満足感を覚えた。

行動の規範を定める

最後のステップに到達したときには、8時を過ぎていた。

「食事抜きでやるんですか」

若い東田が、空腹に耐えかねてまわりを見渡した。

「河本部長、まだかかるよな。悪いけど橘さん、銀座店の小林君に言って、ピザと飲み物を用意させてくれないか」

宮田は、先ほどエンドレスといった手前もあって、本社のすぐ近くにある銀座店から食事を取り寄せる指示をした。

河本は、15分間の休憩を全員に伝えたところで、少し疲れたようにこめかみを押さえた。

休憩時間が終わる頃に、銀座店マネジャーの**小林賢太郎**がピザと飲み物を運んできた。

「私しか手が空いていないので、自分で持って来ました。遅くまでみなさん、なんの会議ですか」

「ご苦労様、小林君。忙しいときに無理を言って悪かったね。わが社の理念体系についての検討会議だよ。できたら君たちの意見もぜひ聞いてみたいね」

「理念ですか。なんだかテーマが大きすぎてよく分からないですが。でも決まったら早く下におろしてください。**数字だけに追いかけられているとみんな疲れてしまうので、なにか夢が欲しいと思っていたところなんです。**すみません、ちょっとひと言多かったですね」

宮田は、小林の仕事熱心さとみんなから慕われる明るいキャラクターが気に入っていた。

「わかった。期待してくれていいよ」

小林がピザと飲み物をテーブルの上に広げ終わったところで、全員が揃った。

「では、社員の**行動規範**について検討していただきます。先ほどと同様、『社員心得』と『お客様に対する基本方針』をベースにしてください」

東田は、テーブルの上のピザをほうばりながら、

「お客様への感謝がいちばんでしょう。あとは規律ですよ」

と、いつもどおりせっかちに話し出した。

「笑顔も大切ですよ。それからホウ・レン・ソウ。つまり、コミュニケーションですね」

渡辺は、教育の際、最初に教えることを挙げた。さらに、「前向きで積極的な行動」「みんなと協力する姿勢」「挨拶を励行する」「自分たちの仕事に誇りを持つ」などが順に挙がり、それぞれが部下を思い浮かべながら、「あれは必要だ」「これは要らない」などと、時間を忘れて議論した。結果的に、次のような行動規範ができ上がった。

ミラノエクスプレス社　行動規範

①常に、お客様とまわりのみんなに感謝しよう。
②前向きで積極的に行動しよう。
③笑顔と挨拶とコミュニケーションを忘れずにいよう。
④時間と規律を厳守しよう。
⑤自分たちの仕事に誇りを持とう。

「長時間にわたってご苦労様。いままでこうしたものがなかったのも、私が怠慢だったからです。でも**今日からは、胸を張って社員のみんなに話ができます。**これが永遠不変とは思っていませんが、現在のわが社にとっては、最高のものができたと喜んでいます。

ただ、つくったら終わりというものではありません。社員だけでなくアルバイトのみなさんにも徹底的に浸透させて、初めて意味があるものだと思います。特に現場の人と接する立場の方には、この理念の浸透を最も大切な使命だと思っていただきたい。今日は本当にご苦労様でした」

最後に宮田は、今日からがスタートだという思いを言葉に込めて自分の真剣さを全員に伝えた。

1 成功へのステップ フランチャイズ化に向けた準備

本章で行ったような、企業本来のあるべき姿を見つめなおし、理念体系をまとめる作業は、自社の適した事業分野や社会における存在価値を改めて明確にしてくれる。さらに、組織の一体感を醸成し、目標に向かって一丸となる力も生み出す。こうした力こそが、企業体質を革新し、新しい事業展開を図る際には不可欠となる。

フランチャイズ・システムの導入は、いままでとは異なるまったく新しい経営構造に転換し、新たな事業展開を行うことを意味する。したがって、その展開にあたっても、ぜひ同様の作業を行ってほしい。

理念共同体としてのフランチャイズ・チェーン

フランチャイズ・チェーンは理念共同体ともいわれる。本部と加盟者が同一理念のもとに結集し、チェーン全体の目標達成に努力していくからだ。

組織内に資本関係のない経営者たちが数多く参加するため、求心力を増すためには、一般の企業以上に理解しやすく、全員が共鳴できる理念が求められる、そのためには、もちろん、はっきり明文化することも不可欠だ。

■事業コンセプト規定

自社（自事業）がどういう分野で事業を行うかを述べたもの、将来の環境変化への対応や、事業の差別化要因を明確にするためにも、事業が提供する本質的な機能を表した定義が望ましい。

■存在価値規定

自社が社会に対してどんなベネフィットを提供するかを規定したもの。社会における存在価値を明確にし、組織構成員全員が誇りを持って働ける内容が好ましい。企業内外へ自社の理念を発信する際のコアメッセージとなる。

■経営理念規定

事業コンセプト規定・存在価値規定に基づき、どういった方針と姿勢で企業や本部を運営していくかを明確にしたもの。主として組織構成員に向けて発信し、意思の統一や一体感の醸成を目的とする。

■行動規範
経営理念に基づき、さらに過去から受け継がれた社員心得などを参考に、組織構成員が日常の行動や判断の基準とすべき規範を表したもの。

チェーン化の目的と目標の明確化

右記の理念体系の明確化とともに、フランチャイズ・チェーンの成功に不可欠なものは、フランチャイズ加盟店に対して、なぜ、フランチャイズ・チェーンを始めたのかという目的を明確にすることと、本部と加盟店が共有できる目標の設定である。

■フランチャイズ・チェーン化の目的
ミラノエクスプレス社の場合のチェーン化の目的は以下のとおりである。

- 日本全国の人々に、ミラノエクスプレスの素晴らしさを体験していただくチャンスを広げる。
- 日本全国の人々にイタリア料理の素晴らしさを知っていただく。
- 各地の中堅中小企業の発展に寄与する。

目標設定に関しては、ミラノエクスプレスの場合、日本一のレストラン・チェーンを目指すことが当面の目標となっている。

目標設定に関しては、3年後あるいは5~10年後といった中長期の具体的な経営目標を設定し、組織構成員全員がそれに向かって最善を尽くす状況をつくることが重要だ。もちろん、フランチャイズ本部の経営目標は、社員だけではなく、加盟者にも魅力的で夢のある内容でなければならない。ミラノエクスプレス社では、日本一の次は世界を目指すことも視野に入っているようだが、チェーンを構成している人たちが、さらに大きな夢を持てるような目標を打ち出すことも、将来に向けた永続的な発展のためには必要である。

大切なのは、理念体系を明確にし、組織構成員への浸透・共鳴を徹底し、夢のある将来目標に向かって努力を続けるサイクルを築くことである。これこそが、フランチャイズ・チェーン成功への第1ステップとなる。

2 自社のフランチャイズ適性を知る

成長するための最適な方法か？

フランチャイズ・システムとは

フランチャイズ・システムの学習と導入の可否を検討する会議の運営を指示された渡辺佳雄は、翌日から精力的にシステムについて調べ始めた。

ミラノエクスプレス社に入社する前の渡辺は、大手チェーン本部のチーフトレーナーであった。その前には、数年間スーパーバイザーも経験していた。ただ、フランチャイズ・チェーン担当ではなく、直営店担当だったため、厳密にはフランチャイズ・システムのプロというわけではない。

調べるといっても、どこから手をつけてよいかまったくわからないのが実情だった。

「まず、自分がシステムの勉強をしなければ」

渡辺は、以前在籍していた本部に助けを求めることにした。企画部長として活躍する先輩の佐藤に電話をし、フランチャイズについて調べるにはどうすればよいかをたずねたのである。

「何冊か本は出てるけど、体系だって書かれたものはほとんど市販されていないね。とりあえず、**日本フランチャイズチェーン協会**へ行ってみたらどう？　協会発行の出版物もあるし、セミナーも定期的にやっているはずだよ。俺の先輩で山本さんという人が部長をやっているはずだから、連絡してみようか」

「助かります。ぜひ紹介してください」

協会には、佐藤の紹介ですぐに連絡がつき、その日の午後には事務所を訪ねることができた。事務所は虎ノ門三丁目の交差点からアメリカ大使館方向に少し歩いた先にあった。

「なんだか活気のないところだな。まあ、業界団体の事務所なんてこんな感じか」

ひとり納得しながらガラスのドアを開け、入ったところのカウンターの上の受話器を取り上げた。

「こんにちは。渡辺と申しますが山本部長とお約束で伺いました」

「かしこまりました。少々お待ちください」

という案内があり、少し待っていると、山本がにこにこしながら玄関まで歩いてきた。

「いらっしゃい。佐藤君から連絡をもらっています。はじめまして、山本です」

「はい。渡辺でございます。突然お邪魔して申し訳ありません。フランチャイズ・システムについてなにか参考になる本かセミナー案内のようなものでもあれば教えていただきたたと思い、お伺いしました」

山本は玄関横の応接室に渡辺を招き入れた。

「少し時間がありますから、私が分かる範囲でご説明しましょう」

2人は応接室で向かい合って座り、本題に入った。

「フランチャイズ・システムについて、簡単に理解できる書籍やセミナーをご紹介いただけるとありがたいのですが」

「本は協会発行のものがあるので、帰りに購入していかれればどうですか。セミナーは、協会主催のものが定期的にありますが、すぐといってもなかなかうまく日程は合わないですね。フランチャイズ・システム導入時の具体的な話を聞きたいのであれば、協会でセミナー講師を務めてもらっているコンサルタントの先生を紹介しましょうか。協会内にはそういった具体的なノウハウを持った人間はいないんですよ」

山本は応接室から出て、玄関の奥にある棚の中から、協会発行の書籍とセミナー案内を抜き出して、説明してくれた。

「これが、協会が発行している『フランチャイズ・ハンドブック』とフランチャイズ本部構築セミナーのパンフレットです。セミナーは先月終わったばかりなので、次の開催は2カ月以上先になります」

渡辺は、1カ月後には、みんなに説明しなければならない時間的な制約があったため、山本が推薦してくれた『フランチャイズ・ハンドブック』を購入し、コンサルタントへの紹介も依頼して事務所を辞した。

渡辺は、虎ノ門から銀座まで地下鉄に乗っている間、購入した本をすぐにも読みたい衝動に駆られていた。

「早く自分なりにまとめて、みんなに説明できるようにならないと」

フランチャイズの定義

渡辺は、会社に戻って自分のデスクの前に座ると、**さっそく、買ってきた本を周囲の目も気にせず読み始めた。**読み終えたときには、社員は誰も残っていなかった。

渡辺はパソコンを立ち上げ、まず日本フランチャイズチェーン協会のフランチャイズについての定義を打ち込んでみた。

日本フランチャイズチェーン協会の定義

フランチャイズとは、事業者（「フランチャイザー」と呼ぶ）が、他の事業者（「フランチャイジー」と呼ぶ）との間に契約を結び、自己の商標、サービス・マーク、トレード・ネーム、その他の営業の象徴となる標識、および経営のノウハウを用いて、同一のイメージのもとに商品の販売その他の事業を行なう権利を与え、一方、フランチャイジーは、その見返りとして一定の対価を支払い、事業に必要な資金を投下してフランチャイザーの指導および援助のもとに事業を行なう両者の関係をいう。

「これを参考にするのがいいみたいだけど、もう少しわかりやすくする必要はありそうだな」

渡辺は、次の会議でみんなに説明する必要があるため、本から抜粋しながら要点だけキーボードに打ち込んだ。

- フランチャイザー（本部）とフランチャイジー（加盟者）は契約関係で結ばれている。
- お互いに権利と義務を有する。
- 本部は、自分で開発して成功した事業を行う権利を加盟者に与え、加盟者は、その対価として加盟金やロイヤルティなどのフランチャイズ・フィーを本部に支払う。
- 本部は、加盟者が事業を成功できるように、継続的な指導・支援を行う必要がある。
- 本部と加盟者は、それぞれ独立した経営体ではあるが、事業については同一のイメージで運営する。つまり、まったく資本関係のない事業体が、外からみるとまったく同じ企業に見えるということである。

「重要な点は、こんなところかな」

渡辺は、自分なりにまとめた要点を見返しながら、ミラノエクスプレスに当てはめてみた。

「契約関係にあるという点は、契約内容をどうするかということだから、今後の課題として残しておこう」

「本部が自分で開発し成功した事業という点では、わが社の業態は自分たちでつくり上げて、他社とは明らかに差別化されている。直営店もすべて黒字運営されており、創業からも5年経っている。ということは、この点では合格だな」

「事業を行う権利を与えるとは、どこかに出店する権利を与えるということだから、既存店と競合しない場所なら問題はない」

「事業成功に向けての継続的指導・支援については、直営を出店するときもほとんど素人集団を教育してきているから大丈夫だ」

「うん、これなら基本的なハードルはクリアできそうだ」

渡辺はミラノエクスプレス社に入社してまだ3年しか経っていない。大手チェーン本部では将来を嘱望された若手社員だったが、偶然、外食経営研究会で知り合った宮田社長の熱意にほだされ、また、自分の可能性をより自由に発揮できる職場に魅力も感じて、転職してきたのだ。

渡辺はミラノエクスプレスの将来性は信じていた。だが、宮田がこんなに早くフランチャイズ・システムの導入を考えるとは思ってもみなかった。

「簡単にはいかないかもしれないけれど、成功できる素地はありそうだ」

ちょっと調べた感触では、十分やれそうな気がしてきた。しかし、フランチャイズの意味だけ調べても、実際の導入には不十分だ。他にどんなことが必要かを考えるうち、あっという間に終電の時間が過ぎてしまった。

「いまから帰っても眠れそうにないし、明日も早朝ミーティングがあるから、もう少しやって終えてしまおう」

フランチャイズ業界を知る

渡辺は、缶コーヒーを買ってきて飲みながら、先ほどの続きをパソコンに向かって打ち始めた。

- フランチャイズの歴史
- フランチャイズ業界の規模
- 同業での導入例
- フランチャイズ導入のメリット、デメリット

「最低限このくらいは調べておかないと、運営責任者の役割は果たせないな」

責任感の強い渡辺は、任されたことは手抜きせずにやるほうであった。

フランチャイズの歴史については、協会で購入した『フランチャイズ・ハンドブック』に書かれていた。

「日本での始まりは、1963年のダスキンと不二家。始まってから、すでに60年近く経っているということか」

渡辺は日本のフランチャイズビジネスに関する歴史を時系列で並べ、年表形式にまとめた。

業界の規模については、日本フランチャイズチェーン協会の調査データが毎年発表されていると山本部長から聞いていた。それが掲載されている協会ホームページも確認できていた。

「次は同業のフランチャイズ導入例か。まったくの同業はないとしても、近い業態があるかな？」

一人でつぶやきながら、日頃よく目にするファストフードショップやカフェテリアを思い浮かべた。ハンバーガーショップのマクドナルド、モスバーガー、カフェのドトール、プロントなどは思い浮かんだが、後が出てこない。

「そういえば、フランチャイズ本部をほぼ網羅したサイトがあったようだ。明日確認しよう」

「メリット、デメリットは、自分なりに推定ができそうだ。明日ゆっくり検討してみよう」

ひとりパソコンに向かって話しながら、少し、眠っておいたほうがいいと考えて、仮眠室のベッドに潜り込んだ。

社長からフランチャイズの話を聞いてまだ2日も経っていない。だが渡辺は、それがもうずいぶん前だったような錯覚に陥りつつ、いつの間にかぐっすり眠りについていた。


仮眠室は、朝、出勤してきた者が必ず声をかけてくれるので、寝過ごすことはなかった。あっという間に出勤時間になっていた。いつもいちばんに出勤する社長秘書の橘に起こされた渡辺は、自分が会社にいることに気づくのに少し時間がかかった。

「渡辺部長、どうされたんですか。いまは研修もないはずですが」

「いやぁ、この前社長からフランチャイズについて調べるように言われただろう。昨日調べ始めたら、終わらなくなっちゃってね」

「そうですか。大変ですね。頑張ってください」

「ありがとう。でも久しぶりにのめり込みそうだ。今度のミーティングは期待していてよ」

渡辺は、昨日の成果を思い出しながら自信たっぷりに言うと洗面所へ急いだ。

その後、早朝ミーティングを終え、採用の打ち合わせや来期の研修スケジュールの調整を行っているうちに、もう昼をかなり過ぎていた。

夕方近く、ようやくデスクへ戻った渡辺は、パソコンを立ち上げ、昨日の続きを考え始めた。

「他のフランチャイズ・チェーンの情報はサイトで大まかには集められる。あとは、メリットとデメリットか」

サイトから、めぼしいチェーンの情報をピックアップして店舗数や加盟条件などを一覧表にまとめた後、渡辺は、メリットとデメリットの検討に移った。

渡辺は、まずメリットから、思いつくままどんどんパソコンに打ち込み、それらをグルーピングして整理を終えた。その後、デメリットについても同様にしてまとめた。ようやくまとまった画面を見返しながら、満足げにうなずいた後、パソコンを終了させる。

「今日は帰れるぞ」

オフィスには、まだ何人かの社員が残っていた。

フランチャイズ・ビジネス成功の7つの鍵

渡辺は、書籍やネットで調べられることは調べ尽くしたと満足した。もし実際にフランチャイズ・システムを導入することが決まったら、必ず成功させねばという思いが強まった。

「ここまでは素人でも分かる範囲だけど、**実際に導入して成功させるには、必ずいくつかの『成功の鍵』があるはずだ。**この先は、フランチャイズチェーン協会の山本部長が紹介してくれると言っていたコンサルタントの先生に聞いた方が早いかな」

渡辺は、ちょうど春の人事異動や新卒の受け入れを控えて、ほとんど自分の時間が取れず、フランチャイズに関する調査はその後進んでいなかった。

「会議まであと1週間しかない。山本部長にお願いして、今日にでも話を聞きに行かないと」

山本に連絡を取った渡辺は、例のコンサルタント事務所が、ミラノエクスプレス本社のすぐ近くにあることを知って、さっそくその日の夕方に訪ねることにした。

目的のビルの9階に上がると、目指すオフィスはすぐに分かった。正面にかかった洒落たデザインのプレートに「AQコンサルティング」の文字がはっきりと刻まれていた。

入口横のチャイムを押して応答を待っていると、すぐにドアが開き、ミーティングコーナーに通された。

待つほどもなく現れたのは、長身でやや細身、思っていたより若い、誠実そうな人物であった。

渡辺は正面に向き合って名刺を差し出した。そして、相手の名刺を両手で受け取り、書かれた名前と相手の顔をゆっくりと見比べた。

「AQコンサルティング株式会社代表・伊達《だて》圭一」

互いに名前を名乗った後、ミーティングテーブルに向かい合って座った。

渡辺は突然の訪問を詫び、さっそく本題に入った。

「フランチャイズ・システムについて、いろいろとお聞きしたくて伺いました。特に、実際に導入するにあたっての『成功の鍵』のようなものがあれば、お教えいただきたいのです。実は、1週間後にフランチャイズ・システムについての研究報告を幹部会で発表しなければならなくて、勝手ながら突然お願いに上がりました」

伊達は、渡辺の一方的な申し出に戸惑いながらも、山本からの紹介ということもあり、誠実に応対した。

「ご要望はよく分かりました。一般論的な内容でよければ、1時間くらいでざっと説明します」

伊達は、さすがプロフェッショナルと思える調子で、自分の後ろのホワイトボードに要点を書きながら渡辺に説明していった。

先日の研究のおかげもあり、渡辺は伊達の話がよく理解できた。伊達が話してくれたフランチャイズ・システム導入時の成功の鍵は7つに要約できた。

フランチャイズ化に成功するための7つの鍵（81ページに詳述）

①フランチャイズ・ユニット（店舗・事業所）に十分な収益性がある。
②ユニットの拡大が容易で、その拡大がシステム全体に貢献する。
③システムに、差別化された固有のノウハウが存在している。
④固有のノウハウが属人的でない。
⑤システムが社会的に有用な存在である。

⑥ フランチャイザーとフランチャイジーが一体となれるビジョンを保持している。
⑦ 契約書が具体的に明快に表現できる。

「この7つが満たされる程度が高いほど、フランチャイズ化の成功確率が高くなります。それから、フランチャイズ化の適性を診断するためのシート（59ページの**図表2-1**）があるので、会社へ戻られたらみなさんで検討してみてください」

最後に伊達は締めくくるように言って、ちょうど1時間で説明を終えた。

「ありがとうございました。こんな短時間なのによく理解できました。次の会議では、みんなにきちんと説明できる自信がつきました。実際に導入が決まりましたら先生のお力を借りたいので、その折には、よろしくお願い致します」

渡辺は、伊達の実践的な話の内容に感服し、フランチャイズを導入する際には、ぜひ協力してもらいたいと思ったのだ。

「近々ご連絡を差し上げますので、ぜひ私どもの社長の宮田にお会いいただけませんか」

「はい喜んで。ご連絡をお待ちしております」

1時間足らずの面談ではあったが、互いの誠実さと熱意を感じ取るには十分な時間だった。

渡辺は、帰り際にフランチャイズ化のための簡易診断シートを秘書から受け取り、AQコンサルティングを辞した。

ビルを出た渡辺は、伊達の話を思い出しながら先が見えた安堵感を感じていた。本社オフィスに戻ると、忘れないうちにと、次回の会議に使うレジュメを作成した。

「前回の資料と今回のレジュメで、ほぼ完璧に説明ができる。でも実際に導入するときには、誰が責任者になるのかな。**片手間でできる仕事じゃないし、やはり立ち上げ時の責任者の力量が大きくものをいうだろうな。**会社全体を巻き込んで、全員が積極的に関与する流れも必要だ。そのあたりは、ぜひ確認しないと」

レジュメを打ち終えて、先日作成した資料を揃えたところで、もうフランチャイズ・システムを導入するつもりで心配し始めている自分に苦笑しながら、渡辺は、**会社の新しい将来が見えてきたような気がしてワクワクしていた。**

理念体系再構築の会議の後、参加メンバーの間ではフランチャイズ・システムの導入が既定路線のような感じで受け取られていた。そして全員が、なんとなくそわそわした気分を感じて落ち着かなかった。

だが渡辺は、全員が導入のリスクとリターンをはっきり判定し、先入観なしで冷静に導入の可否を検討してもらいたいと願っていた。

3月も半ばになるとさすがに寒さも緩み、なんとなくうきうきした気分になるのは、いつもの年と同じであった。

❹ ノウハウの非属人性

項目	1点	2点	3点	4点	5点
ノウハウの習得に要する期間	1年以上	6カ月～1年未満	3カ月～6カ月未満	1カ月～3カ月未満	1カ月未満
ノウハウ習得のための訓練方法	まったくなし	OJTに頼る	一部のマニュアルはある	マニュアル、トレーナーは存在する	完全に整備されている
ノウハウ維持のための機械化（自動化）レベル	まったくなし	一部ツール的なものを導入ずみ	訓練を要するが必要なものは導入ずみ	短期間の訓練で使用可能	未経験者でもすぐ使用可能
ノウハウ維持のための集中化レベル（集中加工等）	まったくなし	50%未満	50%～70%未満	70%～90%未満	90%以上

❺ 社会的有用性

項目	1点	2点	3点	4点	5点
顧客層の広さ	非常に限定された層	かなり限定的（法人のみ等）	30%前後（特定の世代等）	約半分（男性のみ等）	ほとんどの人が対象
商品・サービスが公序良俗に反していないか	法にふれるスレスレ	道徳的に問題あり	問題なし	社会への貢献度あり	社会的貢献度大
店舗等が地域の生活者に不快感を与えていないか	非常に不快	子ども等には問題あり	景観上、若干問題あり	問題なし	地域によいイメージを及ぼす
ベネフィットが明確なニーズに対応しているか	まったく対応していない	特殊なニーズにのみ対応	顕在化した各種ニーズに対応	生活上不可欠なニーズに対応	他では代替できないニーズに対応

診断結果から改善ポイントを見きわめる

1．2点以下の項目がある場合 ➡ 3点以上にするには？

2．各分野の4項目の評価点合計が10点以下の場合 ➡ 15点以上にするには？

3．総合計（100点満点）が60点未満の場合 ➡ 60点以上にするには？

図表2-1　フランチャイズ化適性の簡易診断シート

❶ 収益性

項目	1点	2点	3点	4点	5点
標準店舗の平均年商	1500万円未満	1500万円～3000万円未満	3000万円～6000万円未満	6000万円～1億円未満	1億円以上
標準店舗の営業利益率	5%未満	5%～10%未満	10%～15%未満	15%～20%未満	20%以上
標準店舗の投資回収期間	7年以上	5年～7年未満	3年～5年未満	1.5年～3年未満	1.5年未満
標準店舗のFCオーナーの年収	500万円未満	500万円～750万円未満	750万円～1000万円未満	1000万円～1500万円未満	1500万円以上

❷ 拡大可能性

項目	1点	2点	3点	4点	5点
成立可能な商圏の規模	20万人以上	10万～20万人未満	5万～10万人未満	2万～5万人未満	2万人未満
出店可能な立地タイプ数	1タイプのみ	2タイプ	3タイプ	4タイプ	5タイプ以上
初期投資額（店舗取得費含む）	1億円以上	5000万円～1億円未満	3000万円～5000万円未満	1000万円～3000円未満	1000万円未満
ユニットの拡大が全体におよぼす影響	希少性を損ないイメージダウン	ほとんど影響なし	コストダウン効果あり	広告・コストダウン効果大	信頼を増しイメージアップ

❸ ノウハウの差別化の程度

項目	1点	2点	3点	4点	5点
ビジュアルやブランドでの知名度	まったくなし	ほとんどなし	普通	かなり知られている	非常によく知られている
他社と比較した商品・サービスの優位性	非常に劣っている	やや劣っている	同等	かなり優れている	圧倒的に優位性がある
他社と比較した運営システムの優位性	非常に劣っている	やや劣っている	同等	かなり優れている	圧倒的に優位性がある
他社と比較した情報システムの優位性	非常に劣っている	やや劣っている	同等	かなり優れている	圧倒的に優位性がある

フランチャイズ化のメリットとデメリット

3月15日の会議当日、いつものように予定の10分前には、全員が揃っていた。ミラノエクスプレス社では、会議は10分前に集合という習慣ができていた。規則として明文化されているわけではないが、組織風土として定着していた。もともと宮田が商社時代からの習慣を持ち込んで、いつの間にか定着したのである。こうした規律の正しさが、同社の発展を支えてきた要因の一つでもあった。

「本日は、わが社のフランチャイズ・システム導入について検討してもらいます。会議運営の責任者は、前もってお願いしておいた渡辺部長です」

宮田に指名されて渡辺は、さっそく、準備したレジュメを全員に配った。

「まず、いまお配りしたレジュメをご一読ください。フランチャイズ・システムの定義については、そこに書いてある通りです（48～49ページ参照）。そして、フランチャイズ・システムが成功するための鍵は7つあります（55ページ参照）。実際の導入に当たっては、ミラノエクスプレスがフランチャイズ化できるのかどうか、フランチャイズ化にどの程度適性があるのか、さらに、フランチャイズ化に向けてどんな準備が必要かといった点が、検討課題となります」

渡辺はまず最初に、フランチャイズ・システムについて要点を説明した。フランチャイズの定義から始まり、日本における歴史、現在の日本における市場規模、業種別の各チェーンの動向、本部企業の株式公開までのスピードなど、順を追って説明した。

最後に、システム導入のメリットとデメリットをホワイトボードに書いて、全員がどんな反応を示すかを気にしながら、ひと区切りつけた。

導入のメリット

- 事業展開のスピードが速くなり、短期間で多店舗化が実現できる。
- 多店舗化によって、ブランド認知が高まる。
- 事業規模の拡大によって調達コストが低減し、価格競争力が増大する。
- 出店（事業所展開）に要する資金と人材の調達が比較的容易（自社でまかなわなくてよい）。
- 社内の人材の活躍の場が増え、多様な人事施策が可能となり組織が活性化する。
- 業態の標準化と差別化が高度になり、全般的な競争力が強化される。
- 経営の透明性が増し、企業体質が健全化する。
- 変動費型経営となることで、環境変化への適応力が高まり、経営が安定する。

導入のデメリット

- 資本関係のない多数の人によって経営が影響を受ける可能性が生じる。
- フランチャイズ本部の構築と加盟者の獲得のために、先行的に費用が発生する。
- ブランドの持つ統一イメージを混乱・低下させる事象が発生する可能性がある。

「質問していいですか?」

いつものように、東田が口火を切った。

「フランチャイズ・システムについてはよくわかりました。でも、なぜそれが最近、多くの企業で採用されているのですか？　また、比較的短期間で株式公開に至る企業が多く生まれているのはなぜなんでしょう？」

営業部長としての経験から、東田には、直営店だからこそ繁盛店をつくれるという潜在的な思い込みがあった。

「まず最初の質問ですが、**近年の経済状況のもとで、多くの企業が固定費型の経営から変動費型の経営へ、積極的に転換している**ことが大きな要因となっています。その点、フランチャイズ・システムでは、直営店で多店舗化しようとすれば、多大な人材と資金が必要です。企業にとって、固定費増大というリスクを避けられるのです。人材も出店に関わる費用も加盟店の負担となります。企業にとって、固定費増大というリスクを避けられるのです。したがって、不況期ほどこのシステムを採用する企業が増える傾向にあるのです。一方、企業のリストラなどで独立志向の人が増えたことや、多くの中小企業が生き残りをかけて多角化を図ろうとしていることも大きな要因となり、加盟希望者も増加しているのです」

「第2の質問については、フランチャイズ・システムの最も大きな特徴である成長スピードの速さが、短期間での株式公開を実現しています。さらに、**フランチャイズ・チェーンは、一般的に他社と差別化された競争力のある業態を持っているため、成長力があり、株式公開時も投資家から高評価を得る可能性が高いのです**」

「直営店だけで出店していくと、固定費が増えて経営上のリスクが大きくなるんですか？　直営店が増えれば現金収入が増え、資金的に楽になるのでは？」

東田は、直営店が増えることが、ミラノエクスプレス社にとって最も大切なことだと信じていた。

「直営店は初期投資が大きいため、どうしても借入金に依存した経営体質にならざるを得ない。だから、直営店が増えても、資金的に楽になるということはない。いままでは順調に売り上げも増えてきたからいいけれど、売上計画が大幅に狂えば、初期投資も回収できないし、人も雇い続けられなくなってしまうわけです」

東田からの質問を受けて、財務に詳しい高山専務が、渡辺に代わって答えてくれた。

「では、直営店を増やすより、フランチャイズ加盟店を増やすほうが、経営的には楽になるということですか？」

東田は、なおも食い下がった。

「単純に資金面だけでいえば、フランチャイズ加盟店を増やしたほうがリスクは少ないと思います。ただ、加盟店を集めたり、教育して立ち上げを支援したりしていくと、最初のうちは、直営店を出すより資金が必要な場合もあります。したがって、**短期的にはフランチャイズ加盟店を募集するほうがローリスクとは言えませんが、ある一定の規模を超えれば、非常に小さな投資で店舗を増やすことが可能になります**」

渡辺は、フランチャイズ・システムのメリット、デメリットを見比べながら、説得口調で話した。

「資金面ではそのとおりでしょうが、ミラノエクスプレスの業態を維持するという面ではどうですか？　加盟店が増えると問題が多くなるのではありませんか？」

企画部長として業態の維持という点に常に気を配っている河本が、疑問をはさんだ。

「たしかに、直営店に比べると商品やサービスの質の維持が難しい面はあると思います。そうした問題を解決するために、教育研修を実施したりスーパーバイザーによる指導を徹底したりするのです。厳密にいうと、直営でも同じことは起こりうるでしょう。実際に、**直営店より加盟店のほうがはるかにレベルが高いということが、多くのチェーンであるようです**」

渡辺は、フランチャイズについての学習の成果を少し披露した。だが、参加者全員がフランチャイズ・システムを導入しようという積極的な雰囲気には、まだなっていなかった。

自社にとってフランチャイズが最適か？

「前回の理念体系検討の中で、ミラノエクスプレス社は日本一のチェーンを目指すことが合意されたと私は理解しているのですが、どうですか？」

参加者が、もっとフランチャイズ・システムの導入に積極的だと思っていた渡辺は、先日みんなで盛り上がったことを思い出させ、議論を前向きなものに変えようとした。

「フランチャイズ・システムについては、みんなもだいたいわかったと思うので、わが社に導入すべきかどうかの議論をしてくれないか」

その宮田の言葉を受け、渡辺は参加者にシステム導入の是非を検討するよう促した。

「では、ボードに書いたメリットとデメリット（61ページ参照）を参考にして、日本全国にミラノエクスプレスを広げるという前提でご検討いただきたいと思います」

「スタート時に体制づくりや加盟店募集のための費用がかなりかかるという点は、クリアできるでしょうか？」

東田が真っ先に質問したが、宮田は、まったく心配ないというように答えた。

「幸い、今期も1億円以上の経常利益が見込めます。次の成長に向けて一時的に費用がかかるのは先行投資として必要なものだと思います。来期も今期以上の数字が見込めます。したがって新しい投資をするには、よい時期だと考えています」

「フランチャイズ展開によって、イメージダウンになることはないですか？」

「本部の指導レベルが低いと、そういったことが発生する可能性はありますが、他社の事例を見ても、本部が強い姿勢で徹底すればそれほど問題は起こらないと思います」

「加盟した人がノウハウだけ盗んで、脱退後に競合になるようなことはないですか？」

「契約上でいろいろな制約がありますから、そんなに心配はいらないと思います。もしそうなっても、**ニセ物に負けるほどわが社が弱いとは思えません**」

「短期間で日本一のチェーンを目指すには、フランチャイズ・システムの持つスピードは魅力的だと思います。しかし、資本関係のない人たちが経営上の意思決定に影響力を持つ可能性があるというリスクについて、社長はどうお考えですか？」

議論の最後に、高山専務が、自分たちでつくり育ててきた会社が、他人にとやかく口出しされて経営がやりにくくなってもよいのかという危惧を宮田に確認した。

「専務のいうことも分からなくはないけれど、**わが社は、私やみなさんの私的な持ち物ではありま**

せん。将来的には、株式公開も視野に入れて経営していかなければいけない。加盟店の厳しい要望に応えられる経営を行っていくことは、かえって自分たちのためになると思うよ」

宮田はミラノエクスプレス社を自分の所有物だとは考えていなかった。自分でここまでつくり上げてきたという自負と愛着は大いにあったが、「企業は公のものでなければならない」という意識は、商社時代にさまざまな企業と付き合った経験から痛切に感じていた。

こうして東田と高山が慎重派、宮田と渡辺が積極派、その他は中間派といった雰囲気で議論は進んだ。いろいろな不安や疑問が慎重派の2人を中心に出されたが、宮田がそれに明確に答えた結果、現時点では、フランチャイズ化のデメリットはミラノエクスプレスにおいてはほとんどないという結論に傾いていた。

もう議論が出尽くしたと感じた渡辺は、全員の意向を確認するように、ゆっくりと参加者の顔を見渡し、はっきりとした声で問いかけた。

「**わが社が、直営からフランチャイズ展開へとシフトしていくという件については、全員了承ということでよろしいですか？**」

高山にしても東田にしても、ミラノエクスプレス社を小さくまとまった企業にしたいと思っているわけではなかった。ただ、フランチャイズ化が最善の道かどうかの自信が持てなかっただけだ。しかしここまでの議論を通じて、少なくともフランチャイズ化による大きなデメリットはないという感触は得ていた。

また、チェーン展開するからにはそれなりの規模を目指し、世間からも認知された企業になりたいという願望を、宮田と同じかそれ以上に持っていた。

ミラノエクスプレス社のさらなる発展のために、フランチャイズ・システムの採用が最善の選択だと理解できれば、全員が合意するのは早かった。

みんなが大きくうなずいて互いに顔を見合わせ、最後に宮田のもとに視線が集まった。

全員の視線を意識した宮田は、緊張した面持ちで、ゆっくりと口を開いた。

「みなさん賛成ですね。では、さっそくフランチャイズ展開に向けて行動を始めましょう」

フランチャイズ展開のステップと留意点

「渡辺部長、スタートするにあたっての手順と留意点を説明してください」

渡辺は宮田の指示に従って、前もって調べておいた手順をホワイトボードに書きながら説明した。


フランチャイズ展開のステップ（82ページに詳述）

① 責任者、専任担当者の選出
② 理念体系を明確にする
③ ビジネス・パッケージの明確化
④ ビジネス・パッケージのブラッシュアップ
⑤ フランチャイズ・システムの構築
⑥ フランチャイズ本部機能の構築

⑦加盟店開発に向けた準備
⑧本部組織づくり
⑨開発スタート

成功に向けての留意点

①フランチャイズ化成功のための7つの鍵（55および81ページ参照）を高いレベルで実現させる。
②資金面、人材面を中心に、全社的なバックアップ体制を築く。
③スピードを重要視する。
④すべての判断をお客様第一主義で行う。
⑤変動費型経営を基本とし、可能な限りアウトソーシングする。

「以上が、展開手順と成功へ向けた留意点です。繰り返しになった点もあるかと思いますが、十分ご理解いただけたでしょうか？」

渡辺が説明を締めくくった。

全員がうなずいたものの、誰もが展開の手順①にある責任者の選出を気にしていた。

フランチャイズ導入の責任者に必要な適性

ミラノエクスプレス社の人事は、これまで宮田と高山が相談して決めてきたが、今回は、まったく打ち合わせをしていなかった。

出席者全員が、自分でやってみたいような、でもやりたくないような、複雑な気分だった。いつもなら真っ先に発言する東田も、今回ばかりは押し黙っていた。なんとも不思議な雰囲気が、会議室全体を覆っていた。

「ちょっと休憩しようよ。いいね、渡辺部長」

宮田も、その場の空気に耐え切れずに、間を置くことを提案した。

「はい。それでは15分間休憩します」

渡辺も、ほっとしたように休憩を宣言した。

会議が始まって4時間以上経っていた。ミラノエクスプレス社の会議は、通常は時間厳守であった。ところが、今回の一連の会議はテーマがテーマだけに時間内で終えることが難しかった。宮田は、**今回はいくら時間がかかっても幹部全員が納得したうえで進めたかった。それがフランチャイズ展開成功の大前提だと考えていたからだ。**

休憩の間、コーヒーを飲みながら、一人ひとりが、誰がいちばん責任者にふさわしいか考えていた。

宮田もはっきりと人選を決めていたわけではなかったが、やらせてみたいと思うアテはなんとなく持ってはいた。ただ、本人の希望もあるだろうし、後任の問題もあった。

宮田以外のメンバーは、ここまでの役割や経験からいって、渡辺が責任者になるのが最も自然だと思っていた。

渡辺自身も、やはり自分がいちばん適任かなと思っていた。しかし、現在の仕事も面白く、まだまだやりたいことは残っていたし、後任を育てるところまではいっていなかった。

「では、再開します」

全員が所定の席についたところで、渡辺が告げた。

「それでは、先ほどの手順に基づいて、今日この場で決めておいたほうがよい点を、順に検討したいと思います。まず最初は、責任者の選定ですが、これは社長に議事進行をお願いします」

渡辺は人事に関わることなので、社長の宮田に下駄を預けた。宮田は、渡辺の言葉を受けて話し始めた。

「人事については、いままで専務と私で前もって相談して決めてきましたが、今回はまったくの白紙です。フランチャイズ化は、わが社の命運がかかっている大仕事です。**できれば本当にやりたい人に手を挙げてもらい、ここにいるメンバーの同意を得られるのが最善だと思います。いまここで、みなさんの中から希望者を募って決められるのなら、それがいちばんでしょう**」

宮田の言葉を、全員が先ほどより重い気持ちで聞いていた。自分でやってみたいと思う気持ちと大きな責任を負うという不安感が交錯して、なかなか結論を出せないで堂々巡りをしていた。

「責任者……責任者といっても、社長はじめ会社全体でバックアップしてもらえるんですよね？」

唐突に東田が、つっかえながら、全員をハッとさせるような高い声を出した。

「うん、会社全体に関わる大事業なんだから、全社的な協力体制があって初めて成功できる。全員が最大限の協力をするのは当然だよ」

宮田は、不安を取り除くように力強く平然とした態度で答えた。

「だったら私にやらせてください。みなさんのように、理論的な裏付けやスタッフとしての経験はありませんが、ミラノエクスプレスへの思い入れだけは誰にも負けないつもりです。今日の説明を聞いて、フランチャイズでもやれそうな気になってきました。どうせやるなら、ぜひ自分がやってみたいと思います。直営の10店舗は、私がいなくても十分にやっていける体制はできています。新しいことにチャレンジできるのは、若いうちだと思っています。社長、ぜひやらせてください」

宮田以外のメンバーは、まさか東田が名乗りをあげるとは思っていなかった。もともと直営店主義で、フランチャイズ化にはそれほど前向きでなかった東田が、責任者に適任だとは誰も思っていなかったのだ。

「東田部長、本当におやりになりたいのですか？　ミラノエクスプレスは直営でしかできないと言われていたはずですが」

まさか手を挙げると思っていなかった東田に対し、フランチャイズについては最もよく知っていて経験もあると自負している渡辺が、不安そうに声を上げた。

「フランチャイズについての知識や経験は不十分ですが、いまから勉強していきます。でも、ミラノエクスプレスへの思い入れは誰にも負けません。それだけではだめでしょうか？」

東田の真剣な訴えに、全員が黙り込んでしまった。

「東田部長が抜けて、営業部は大丈夫か？」

宮田が、東田の後任を思い浮かべながら聞くと、

「小林君がいます」

東田は間髪を入れず、銀座店マネジャーの小林賢太郎の名前を挙げた。宮田は、東田が自分自身の後任を考えて部下を育ててきていたことを嬉しく思った。

宮田自身、心の中では、責任者には東田が適任だと思っていた。たしかに直営部門の責任者は大切な役割だし、東田が抜けることに業績面でも不安を感じないわけではない。しかし、直営でしか成功できないと考えていた東田が、フランチャイズ化の責任者になれば、全社的にフランチャイズ化に向けた体制が整うということを意味した。

「他にやりたいと思う人はいませんか？」

宮田は、すぐに東田で決めようとはしなかった。

「誰がやっても難しい仕事になりますが、面白さもあると思います。どうですか？」

宮田の誘い掛けに、渡辺も心が動いた。

「自分がいちばんフランチャイズについては理解しているし、本部の経験もある。しかし東田が自信を持って言った、ミラノエクスプレスに対する思い入れと理解度ではかなわないだろうな……」

フランチャイズ化の成功には、自分たちの展開する業態に対する理解や思い入れが最も大切だということを認識していた渡辺は、自分自身がその点ではまだ不十分だということに気づいていた。そして「東田部長が、社長の次にミラノエクスプレスのことを理解している」と思い、自分が手を挙げることを思いとどまった。

結局、東田以外のメンバーは誰も手を挙げなかった。

宮田は、他に手を挙げる者がいないことに少し寂しさを感じたものの、結果として自分の思いどおりの人選になったことに満足していた。

「東田部長、さっそく、責任者として準備にかかってくれたまえ。後任の小林君には、私から明日話をするので、1カ月で引継ぎを終えて新業務に就いてください。ただ、すべてを東田部長一人でできるものではないので、業務スケジュールを作成して、ここにいる全員が、各専門分野を担当して進めていくという形を取ってください。東田部長は、まず渡辺部長とよく相談をして、どう進めていくのかを2週間以内に提案してください」

フランチャイズ導入に向けたスタート

東田は、引継ぎの合間に、渡辺にフランチャイズ化のステップを教えてもらいながら、2週間後の提案に向けて業務推進計画の作成にとりかかった。

社内だけではフランチャイズ・システムの専門的なことが分からない、という渡辺の助言に従って、コンサルタントの伊達に定期的な指導を受けながら進めるということも、併せて提案することにした。

伊達の協力もあり、予定どおり2週間後に計画書（**図表2-2**）をつくり上げた東田は、幹部会のメンバーに説明を行って大筋で了解を得た。

加盟店募集は、来年3月のフランチャイズチェーン・ショーがスタートと決まった。実質1年足らずの期間しかない。宮田はじめ全員が、真剣な思いで東田の説明を聞いていた。

❹ フランチャイズ本部機能の整備

テーマ	業務内容	4	5	6	7	8	9	10	11	12	1	2	3
事業計画の作成と組織づくり	中期のフランチャイズ事業計画策定							→	→	→			
	当面の組織体制と職務分掌の検討							→	→	→			
本部機能の整備（整備計画の立案）	採用・教育研修機能								→	→	→	⋯	⋯
	開業支援機能								→	→	→	⋯	⋯
	スーパーバイジング機能									→	→	→	→
	情報システム&会計機能							→	→	→	→	→	⋯
	マーケティング機能								→	→	→	→	→
	サプライ機能					→	→	→	→	→	→	→	⋯

❺ 加盟店開発の推進

テーマ	業務内容	4	5	6	7	8	9	10	11	12	1	2	3
加盟店開発計画の策定	エリア別定量目標の設定								→				
	目標達成に向けた具体的開発計画の立案								→				
加盟店開発ツールの検討、作成	会社案内作成							→	→				
	FCパンフレット作成									→	→	→	
	リーフレット作成									→	→	→	
	事業説明DVD作成（必要に応じて）									→	→	→	
	ホームページ									→	→	→	
	法定開示書面作成								→	→			
	FC契約書								→	→			
	その他帳票類										→	→	
加盟店開発実施	ターゲットへのアプローチ実施												→
	事業説明会の開催												→
	営業フォローの推進												→
	フランチャイズショー												○

図表2-2　フランチャイズ本部構築のための業務スケジュール（例）

❶ 理念体系の整備

テーマ	業務内容	4	5	6	7	8	9	10	11	12	1	2	3
理念体系の整備	事業コンセプト規定	→											
	自社の存在価値規定	→											
	経営理念規定	→											
	チェーン化の目的規定	→											

❷ ビジネス・パッケージ（業態）の確立

テーマ	業務内容	4	5	6	7	8	9	10	11	12	1	2	3
標準ビジネスパッケージの仮説設定	標準店舗の設定		─	─	→	⋯	⋯	⋯→					
	標準運営方法の設定		─	─	→	⋯	⋯	⋯→					
	標準サービス内容（メニュー）の設定		─	─	→	⋯	⋯	⋯→					
仮説検証と業態の標準化	直営店での仮説検証		─	─	─	→ ⋯	⋯	⋯→					
	標準初期投資の作成						─	→					
	標準損益モデルの作成						─	→					

❸ フランチャイズ・システムの概要決定

テーマ	業務内容	4	5	6	7	8	9	10	11	12	1	2	3
本部提供サービスの明確化	加盟店に提供する原材料とサポート内容を決定				─	→	⋯	⋯→					
本部と加盟店の権利と義務の明確化	規定すべき権利と義務を明確化				─	→	⋯	⋯→					
金銭規定の設定	イニシャル・フィーの決定							─	→				
	ランニング・フィーの決定							─	→				

「いよいよ発進です。わが社の新しい歴史が始まる記念すべき日です。全員が成功に向けて最善を尽くしていただきたい。ぜひ、日本中にミラノエクスプレスを走らせましょう」

宮田が締めくくって、いよいよフランチャイズ化に向けてスタートが切られた。

会議を終え、ひさしぶりに本社近くの「千成」に集まったメンバーは、フランチャイズ化が決まったことへのワクワクするような喜びと、一抹の不安に興奮して、いつもより速いピッチで食べ、そして飲んだ。

のれんが下ろされ、最後の客となったメンバーは、ほろ酔い気分で店を出た。本社前にある桜並木のうち、2本だけあるソメイヨシノはもうすっかり満開で、夜空に真っ白に浮きあがっている。まるでミラノエクスプレスの門出を祝っているかのようだ。

「もうすっかり春か。こんなにきれいな桜を見られるのも久しぶりのような気がするな。フランチャイズ化が決まったおかげかな」

宮田は、桜の下を歩きながらひとりつぶやいた。

横で東田がうなずきながら、

「来年からは、もっときれいな桜が見られますよ」

と自分に言い聞かせるように足を速めた。

2 成功へのステップ 自社のフランチャイズ適性を知る

フランチャイズ・ビジネスの仕組み

フランチャイズ・システムを導入すれば、企業の急速な拡大と企業体質の革新を実現できる。ただし、どんな企業、どんな業態でもこれに適しているわけではない。フランチャイズ・ビジネスの持つメリットとデメリットを十分に理解して、自社はこのシステムにふさわしいのか、またどう変革すればふさわしくなれるのかを、客観的に判断しなければならない。

そのためには、まずフランチャイズ・ビジネスの基本的な仕組みを理解しなくてはならない。それを示したのが78ページの**図表2-3**である。

フランチャイズ本部は、この仕組みの中で、フランチャイズ・パッケージと呼ばれるものを加盟店に提供する。それを示したのが79ページの**図表2-4**である。

図表2-3　フランチャイズ・ビジネスの仕組み

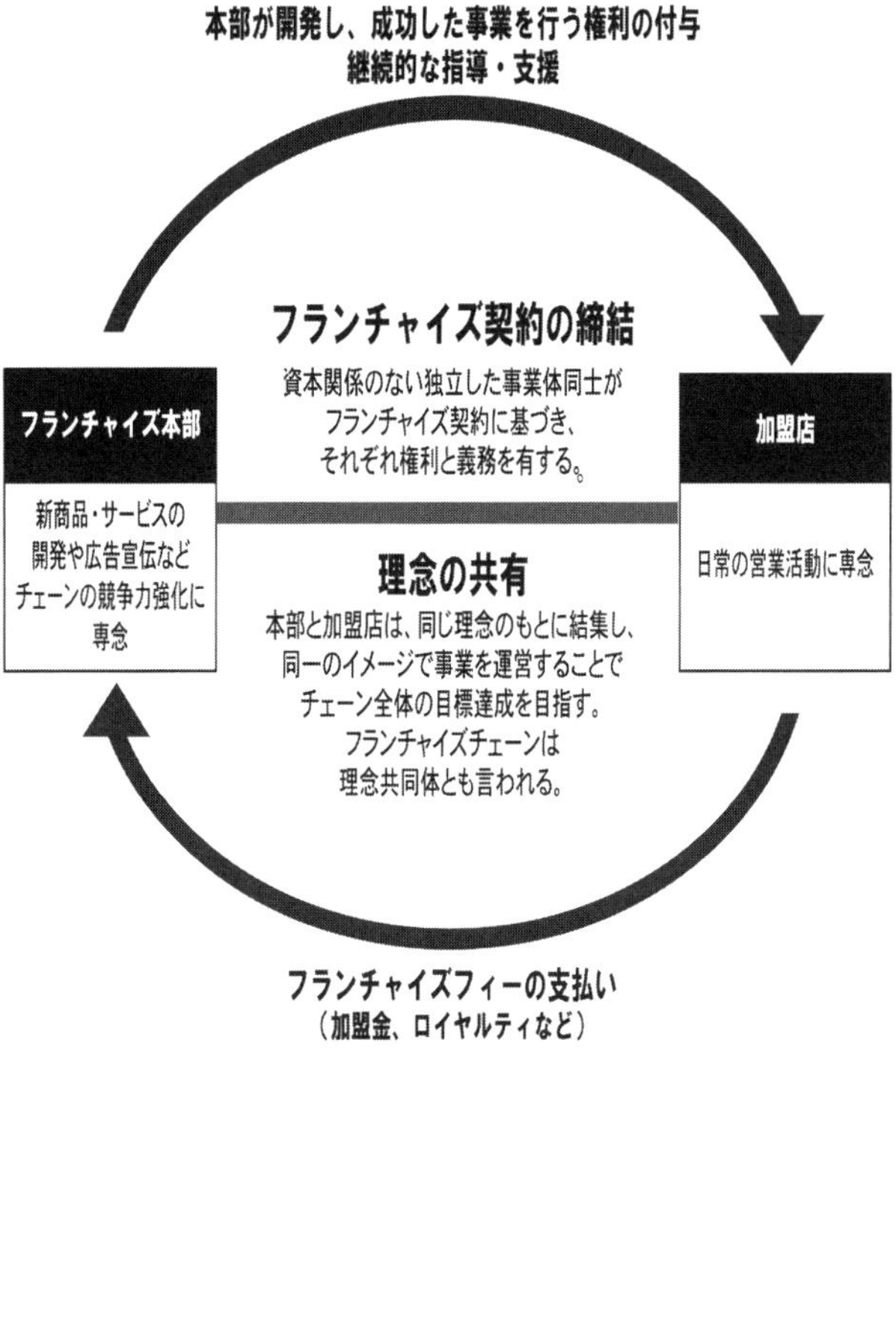

本部が開発し、成功した事業を行う権利の付与
継続的な指導・支援
フランチャイズ契約の締結
資本関係のない独立した事業体同士が
フランチャイズ契約に基づき、
それぞれ権利と義務を有する。
フランチャイズ本部
新商品・サービスの
開発や広告宣伝など
チェーンの競争力強化に
専念
加盟店
日常の営業活動に専念
理念の共有
本部と加盟店は、同じ理念のもとに結集し、
同一のイメージで事業を運営することで
チェーン全体の目標達成を目指す。
フランチャイズチェーンは
理念共同体とも言われる。
フランチャイズフィーの支払い
（加盟金、ロイヤルティなど）

図表2-4　フランチャイズ・パッケージの構成要素

フランチャイズ・パッケージ

理念 本部と加盟店が共有する理念体系	● 事業コンセプト規定 ● 存在価値規定 ● 経営理念規定 ● チェーン化の目的規定
ビジネス・パッケージ どのような業態かを具体的に表現したもの	● ブランド ● ターゲットと対応するニーズ ● ターゲットに与えるベネフィット ● 提供する商品、サービス ● 営業の形態（店舗・事業所の形態や立地および営業の仕組みなど） ● 標準的な事業オペレーションと人員 ● 標準的な損益構造
フランチャイズ・システム ビジネスパッケージをフランチャイズ化する際の種々の規定や仕組み	● 金銭に関する規定（加盟金・ロイヤルティなど） ● 店舗・事務所設置に関する規定（デザイン・仕様など） ● 研修・会議体系、スーパーバイザー制度などの規定 ● 契約の期間・更新・解除などの規定

フランチャイズ導入のメリットとデメリット　61ページの再掲

■メリット
・事業展開のスピードが速くなり、短期間で多店舗化が実現できる。
・多店舗化によって、ブランド認知が高まる。
・事業規模の拡大によって調達コストが低減し、価格競争力が増大する。
・出店（事業所展開）に要する資金と人材の調達が比較的容易（自社でまかなわなくてよい）。
・社内の人材の活躍の場が増え、多様な人事施策が可能となり組織が活性化する。
・業態の標準化と差別化が高度になり、全般的な競争力が強化される。
・経営の透明性が増し、企業体質が健全化する。
・変動費型経営となることで、環境変化への適応力が高まり、経営が安定する。

■デメリット
・資本関係のない多数の人によって経営が影響を受ける可能性が生じる。
・フランチャイズ本部の構築と加盟者の獲得のために、先行的に費用が発生する。
・ブランドの持つ統一イメージを混乱・低下させる事象が発生する可能性がある。

フランチャイズ化に成功するための7つの鍵

フランチャイズ・システム導入を成功させるポイントは、自社の事業が本質的にそれに適合しているかどうかの判断と、フランチャイズ・パッケージがどのレベルまでブラッシュアップできるかにかかわっている。以下の7つのポイントに留意してほしい。

❶フランチャイズ・ユニット（店舗・事業所）に十分な収益性がある

- 投資回収に要する期間が、それほど長期にならない。
- フランチャイジー（オーナー）が十分な収入を確保できる。

❷ユニットの拡大が容易で、その拡大がシステム全体に貢献する

- それほど大きくない商圏で成立し得る。
- いろいろなタイプの立地での出店が可能。
- 初期投資額が比較的小さくてすむ。
- ユニット数の拡大がシステム全体に貢献する。

❸システムに、差別化された固有のノウハウが存在している

- ビジュアル、ブランド面でノウハウがある。
- 商品、営業力等のマーケティング面でノウハウがある。
- マネジメント、オペレーション、情報システム面でノウハウがある。

❹固有のノウハウが属人的でない

・何年も修業しないと身につかないものはノウハウではない。
・誰もが要求されるレベルに短期間で到達できる。

❺システムが社会的に有用な存在である

・地域社会に有用な商品、サービスを提供している。
・公序良俗に反しない商品、サービスを提供している。
・地域の生活者に不快感を与えるような存在ではない。

❻フランチャイザーとフランチャイジーが一体となれるビジョンを保持している

・社会に与えるベネフィットについて、両者に明確な共通認識がある。
・両者が共有できる定量的な目標が設定できる。

❼契約書が具体的に明快に表現できる

・ザーとジーの権利、義務が明快に規定されている。
・フランチャイズ・パッケージの独自性と信頼性が具体的に示されている。

フランチャイズ展開のステップ

フランチャイズ展開に際しては、次の手順に従って、本部体制を整備していけばよい。

❶責任者、専任担当者の選出

責任者は、トップといつでもコミュニケーションが取れ、社内各部門との調整ができるレベルの人を据える。もしくはトップ自身が責任者となることが必要。

❷理念体系を明確にする

加盟者に共鳴してもらえるフランチャイズ・チェーンとしての理念体系を明確にする。

❸ビジネス・パッケージの明確化

フランチャイズ・チェーンの業態や特徴を明確な言葉で表現できるようにする。

❹ビジネス・パッケージのブラッシュアップ

フランチャイズ・システムに適合するように、事業そのものをブラッシュアップする。

❺フランチャイズ・システムの構築

フランチャイズ・システムを構築し、本部と加盟者の権利と義務を明確にする。

❻フランチャイズ本部機能の構築

フランチャイズ・チェーン本部として必要な機能を構築する。本部機能には、採用支援・教育・研修、開業支援、スーパーバイジング、マーケティング、サプライ、情報システムおよび会計、加盟店開発、金融支援、立地開発、新業態開発がある。

❼加盟店開発に向けた準備

加盟店に向けての説明用ツール類および契約書の作成にはじまり、加盟希望者の発掘や契約までのフォロー体制づくりなどが必要。

❽本部組織づくり

各種機能を有効に動かすために、効率よく人材を組織化することが求められる。

❾開発スタート

組織化の後、実際に加盟店開発活動をスタートさせて、本当の始まりとなる。

3 収益力を高める

魅力あるフランチャイズになるために①

損益モデルの作成

東田は**標準的な損益モデル**を作成する作業にとりかかった。

まずは、直営店の過去1年間の損益実績を把握し、分析することから始めた。

「平均年商が1・8億円、営業利益率が14％か。この数字だけ見ると、外食チェーンの平均を大幅に上回っている。業態として若干違うので単純には比較できないが、かなりいい線をいっているようだ」

東田は、過去1年間の平均損益から推察して、ミラノエクスプレスが、収益面では十分フランチャイズ・チェーンとして競争力を持っていると判断した。

「しかし、これだけで判断していいのかな？」

東田は渡辺から説明を受けた際に、「フランチャイズ化適性の簡易診断シート」（59ページ参照）にチェックポイントがあったことを思い出して、その基準に合致するか検証してみることにした。**初期投資額の多寡については、絶対的な金額の面と、投資をどれくらいの期間で回収できるかという2点がポイント**となる。

前者は、加盟希望者を個人の脱サラ組にするか、企業の新規事業組にするかで大きな差が出る。一般的に飲食業の場合、店舗の取得費用を別にしても数千万円を要し、物販業やサービス業に比べると初期投資の絶対額が大きい。また、ファミリーレストランのように建物から建設するスタイルをとる場合は、さらに大きな投資額が必要となる。

東田は、ミラノエクスプレスの店舗ごとの投資額を、営業部に保管してあった店舗別の出店計画、実績ファイルから抜き出してまとめてみた。

「どうしてこんなにかかってるんだ……」

東田は、過去10店舗の実績をまとめてみて、投資額がいかに大きいかに改めて驚いた。いままで投資関連については、社長と専務が担当してきたので、東田はこれほどだとは実感していなかった。

「専務が資金繰りに苦労していたはずだ……」

会社の損益状況について、宮田はオープンに社員にすべて公開していた。したがって、東田もだいたいの状況は理解しているつもりだったが、投資に絡む資金調達やその資金繰りについては、それほど気にしていなかった。

東田は今回の作業を通じて、改めて驚かされた格好になったわけだ。

「これだと脱サラ組は厳しいな」

東田は、ミラノエクスプレスの場合、個人の脱サラ組にとって簡単に手が出せる投資額ではないと判断した。

「企業の新規事業組が中心になるな。そうすると絶対額もさることながら、もう一つのポイントである投資回収期間のほうが重要になる」

投資回収に要する期間は？

東田は営業部長時代、宮田からさんざん**「数字で語れ！」**と教えられてきたため、数字で客観的に判断する能力は身についていた。

「投資額の平均が約6000万円、年間の償却前営業利益が約3000万円ということは、投資回収期間は2年程度で回収はできるということか。これは長いのかな、短いのかな」

東田は再度、フランチャイズ適性をチェックスする簡易診断シートで確かめてみた。

「平均よりやや良い数字か……」

ただ、いままでの直営店はけっこう大型で売上も大きい。もう少し売上が小さくなると3年程度かかってしまう。

「償却前営業利益をベースとして計算しているので、最短での投資回収期間の計算ということになる。その計算で2年程度で回収できないとなると、企業の新規事業としては、少し魅力に欠けるかもしれないな」

東田はこの点に関して、もう少し魅力のある水準に改善しようと判断した。そこで、**投資回収期間をもう少し短くするための方法**を検討することにした。投資回収に関連するのは次の項目だ。

投資回収に関連する主要な項目

- 初期投資額（施工費用、設備費用、什器・家具等）
- 売上高
- 原価率
- 営業費用

「売上高は実績が基準となるので、むやみに設定変更はできない。原価率と営業費用も現時点では実績数値を基準にしなければならない。すると現在検討すべきなのは、初期投資額をどの程度まで抑えられるかだな」

東田は、初期投資額の抑制を最初のターゲットにした。

初期投資額を削減する

「過去の出店計画書に、設計図面や見積書がすべてファイルされている。まず標準の店舗レイアウトや設計基準、設備の仕様などを決めて、実際にどのくらいコストが落とせるか検討してみよう」

そこでさっそく、営業部の店舗開発担当者に、ミラノエクスプレスの標準レイアウトと仕様を早急にまとめるようにメールで依頼した。

東田は、現場に密着した営業部長という立場が、自分の力を発揮できる最高のポジションだと思っていた。しかし、フランチャイズ化に向けた業務をやってみると、自分がいかに事業のことを把握していないか痛感させられた。日常のオペレーションについては熟知していたが、実際にゼロから店舗を立ち上げ、人を採用し、教育し、確実に利益をあげることがいかに大変か、ようやくわかったのである。

「フランチャイズ化するということは、会社そのものをさらに高いレベルに持ち上げることにもなるんだな」

一人で納得しながら、その責任者として働けることがこれほど充実感のあるものかと、大役を任せてくれた宮田に改めて感謝した。

翌日の夕方には、メールの返事が届いていた。会社全体がフランチャイズ化に向けての業務を最優先に動いてくれているようだった。

「先日の社長の朝礼での話が効いているのかな」

宮田は、週1回朝礼で話をする決まりになっていた。先日その場で、フランチャイズ化に向けて正式にスタートを切ったこと、責任者に東田が就任したこと、後任営業部長には小林が就任すること、さらに全社員がフランチャイズ化に向けた業務に最優先で協力してほしい旨を、本社の社員全員に話したばかりだった。

メールの添付ファイルには、標準的な店舗の規模とレイアウト、仕様が記され、過去の見積価格が付されていた。

- 店舗面積＝総面積２００平方メートル
- 客席数＝80席
- 基本レイアウト＝ピザ、パスタ、デリカテッセン、デザート、ジェラート各ショーケースを壁面に配置。一部ＢＡＲスタイルの立ち飲みコーナーを設置。
- 店舗イメージ＝ファサードはグリーンを基調にイタリアのＢＡＲをイメージさせる。店内はホワイトオークを基調にした、明るさと温かみのある家具構成とし、ミラノの都会的で洗練された雰囲気も併せ持つイメージを演出。
- 見積り価格合計＝６０００万円

「店舗面積とレイアウトは現行店舗の標準タイプだから、これを前提にするのは現段階では問題なし。設備関連は、厨房機器と空調が中心となるので大きな変更は発生しない。什器、備品関連は、店舗イメージとの関連が大きいので、大幅に変更するなら全社的なコンセンサスが必要になる。とりあえず、この仕様でどこまでコストが落とせるか研究してみよう。やみくもに安くしてくれというわけにもいかないから、削減目標を決めて、ある程度まとまった発注が必要なら、数量に応じた価格を出してもらおう」

東田は、投資回収期間を基準として初期投資額の削減目標を試算しようとしたが、どこに目標を設定すればよいかがわからなかった。

「伊達先生の話だと、２年以内ならそれほど悪い水準ではないはずだが、実際にはどんな基準で判断すればいいのかな」

東田は、一人で悩みながら問題を解決していくというより、**誰かの意見を聞いてどんどん吸収しながら仕事を進めていく**タイプだった。ここまでは自分だけで簡単にたどり着けたものの、この先は専門家の意見が必要だった。

「伊達先生とのミーティングはいつだったかな」

スケジュール帳を開いて次のミーティングの日程を確認し、質問事項などを前もって伊達にメール送信しようと、パソコンに向かってキーを叩いた。

初期投資額に関する確認事項

- ミラノエクスプレスの投資回収について、妥当な期間はどのくらいですか？
- 初期投資額を削減するための具体的な手法には、どんなものがありますか？

これに、検討に必要なデータも添付して送信した東田は、「**困ったときは現場に学べ**」という宮田の口癖を思い出し、もう一度全店を巡回してみようと思い立った。

「そういえば、**ここ1カ月店を回っていなかったな。パソコンの前にばかりいるとアイデアも浮かんでこないよ**」

そう決めると行動は早かった。パソコンを終了させ、すぐに上着を持って本社オフィスの階段を駆け下りた。

この前までは、ソメイヨシノが2本だけ咲いていた本社前の桜並木も、遅咲きの八重桜が大きな濃いピンク色の花をつけ、すっかり春らしさを感じさせる季節になっていた。

「早いなあ。もう八重桜の季節か。うかうかしていると、あっという間に1年が経ってしまうよ」

東田は、季節に急かされるように銀座店へ向かった。

伊達からの返信メールは翌日には届いていた。

2日間で全店をまわり終えていた東田は、全店舗の統一イメージ演出やコストダウンという面で、まだまだ改善の余地を残しているという印象を持っていた。店舗ごとに微妙に什器構成が異なっていたり、イスやテーブルなどの家具類もその都度調達されていたからだ。

伊達からのメールには、回収期間の目標設定とコストダウン方法についての回答が入っていた。

①回収期間の設定に関する留意点

- 新規事業として複数の店舗展開を意図する場合は、1号店開業後2年以内には2号店が開業できる程度の回収期間であること。ただし、店舗取得費は除外して考える。フランチャイズの場合は、加盟金などのイニシャル・フィーも加えて回収期間計算をするが、現時点では決定していないので、とりあえず償却前営業利益に対して1年11カ月以内で回収できる範囲を目標として計算する。

② コストダウンの方法（以下の方法をトータルで実施する）

・目標コストの実現に向けて、効率のよい無駄のない設計を作成する。
・什器・家具類、看板などについては、仕様の統一と一定量の先行発注を行う。
・内装については、仕様の再検討と工期の短縮および作業員の時間管理を徹底する。
・複数業者からの見積もり提出による適正コストの把握を行う。

「現行と比較すると250万円（4・2％）のコストダウンが必要か。伊達先生から指摘のあったコストダウン策で達成可能なレベルかな」

東田は、2日間で巡回した店の現状を思い浮かべながら、伊達からの返信内容を確認し、目標達成に自信を深めた。

店舗の施工・設備に関するコスト削減

さっそく、店舗開発担当に主旨と方法を説明し、目標達成に向けて各取引先などと調整するよう指示を出した。その結果1カ月後には、目標を超える初期投資額5700万円が達成できた。

「東田部長、ただし年間最低10店を出店することが条件となります。仕様などの大幅な変更は行っていないので、直接売上に影響するようなマイナス面は一切ありません。部長から指示いただいた方法で順序立ててやってみたら、思ったより簡単に目標をクリアできました。設計から再検討すれば、もっとコストダウンの可能性はありそうです」

はじめは、「そんな簡単にコストが落ちるわけがないですよ、素人が分かる分野じゃないんですから無理を言わないでください」などと、東田の指示にあからさまに不満を鳴らしていた店舗開発担当者も、たった1カ月で5％のコストダウンにめどが立ったことで、**前言をすっかり忘れ、いまでは、もっとなにかできるのではないかとコストダウンの可能性を追うことに楽しさを感じているようでもあった。**

東田は、以前の彼の言葉など気にしていないといったふうに応じた。

「ありがとうございます。1年で10店ですか。それは私の仕事だから保証しますよ。ただ、今回の数字が最終目標じゃないので、今後とも検討を続けてください」

東田は、自分より年上の店舗開発担当者をねぎらいながら、なお高いレベルを求めた。

「第1段階突破だな。次回の幹部会で経過報告して最終承認を取っておこう」

東田は、思ったより順調に初期投資額が削減できたことにウキウキしていた。そしてさっそく、次回幹部会の議題に初期投資額の削減に関する報告を入れてくれるよう、橘にメール送信した。

人件費の削減

初期投資額の削減と平行して、東田は営業費用で最も比率の高い人件費についても検討を行った。

ミラノエクスプレスは、通常のレストランのようにフルサービスではない。各コーナーのショーケース前で料理を選んでもらい、お客様自身にテーブルまで運んでもらうセミセルフスタイルをとっている。したがって、通常のレストランに比べると人件費比率は低く抑えられている。その結果として、高い利益率を実現していたはずだった。

フランチャイズ化に際しては、ミラノエクスプレスの人件費が、本当に低い水準にあるのかどうかを再検討する必要があった。

「人件費比率は、サービスや調理のしくみによって変動する。業界平均や他社数値との比較だけでは、正しい判断はできないだろう」

東田は、ホットペッパーグルメ外食総研のデータを参考にしながら、自社の人件費負担が業界平均と比較して低い水準にあることを確認しながらも、現状では満足できなかった。

そこで、伊達から教えてもらった人件費についての目標設定の方法をミーティング議事録から抜き出し、その手順に沿って、ミラノエクスプレスの標準人件費の設定を行うことにした。

適正人件費の設定

①　1日の標準業務と標準時間を設定する
②　標準業務に必要な人員を15分単位で配置する
③　①と②に基づいて人員配置の標準シフトを作成する
④　標準シフトを売上変動（季節、曜日）に対応して調整する
⑤　週間・月間・年間での標準業務と標準時間を設定する。

⑥週間・月間・年間標準業務に準じて人員配置を行う。
⑦標準シフトに基づいて管理運用方法を作成し、その実施を徹底する
⑧全項目に基づいて年間総労働時間を算出し、年間の標準総人件費を設定する。

東田は、ミラノエクスプレスの年間総労働時間を設定したうえで、社員2名体制で運営した際の人件費を算出し、現在の10店舗の実績と比較してみた。

「標準値と比較してこんなに開きが出るなんて、どうなってるんだ？　営業部長として、人件費についてはかなり厳しく徹底してきたつもりだったがなあ。前年実績をベースに予算を組むことの弊害が出ているのか。ゼロベースで考えないと、なかなか改善されないってことだな……」

東田にとっては信じられないような数字であった。店長時代から人件費管理についてはかなり自信があったし、部下にもノウハウを教え込んでいたつもりだ。だが、店別の数値比較を見ると、いままでの自分の取り組みがいかに甘かったかを痛感させられた。

ミラノエクスプレス社の1人当たり人件費は、社員の平均年齢が若いということもあってそれほど高いわけではなかった。

しかし一方、宮田の方針で、成果主義をベースにしながらも家族主義的な温かみのある人事制度をとっていたので、社員の定着率は高く、年々人件費は上昇していた。フランチャイズ展開に際して、加盟店にも同様の人事制度を取り入れることは、伊達とのミーティングの中でも決定していた。

「**働いている人みんなの幸せがあって初めて、お客様に喜んでもらえるサービスが提供できる。**し

たがって、働いている人が幸せを感じられなければ、ミラノエクスプレスの存在価値はない」

　この考えは宮田の信念であり、フランチャイズ展開に際しても、これをベースにして人件費を抑制する必要があった。

「目標数値は設定できているので、このシフトで本当に現場が業務に支障がなく、お客様に対するサービスが低下しないかを検証しよう。標準店舗に規模が近くて、立地が異なる2店舗くらいでテストしてみるか」

　東田はさっそく、標準シフトに基づく人件費設定に無理がないかどうかをテストするよう、小林に依頼した。

　小林が抽出したのは、銀座西店と渋谷店だ。両店の店長に主旨を説明して翌月から標準シフトを採用し、人の配置、業務の遂行状態、サービスの状況などを週単位で報告するよう指示した。

　この2つの店舗は同規模だったが、客層と曜日別・時間帯別の客数が大きく異なっていた。したがって、標準総労働時間の枠内で各店舗の実態に合わせたシフト設定を行い、テストをスタートした。

「**いまでも忙しくて人が足りないのに、これ以上どうやって人件費を減らせというんですかね**」

　銀座西店の店長はキャリア3年で小林よりも年上だった。最近は仕事に少しマンネリを感じているようで、売上の伸びも止まり、目標をやや下回る実績になっていた。

「うちも忙しいですが、たしかにシフトの組み方も惰性に流されているし、時間管理も少し甘くなっているかもしれません。いい機会なので徹底的にやってみますよ」

渋谷店の店長はまだ1年のキャリアで、小林より2年後輩。銀座西店に比べると、最近の伸び率は高く、目標も達成していた。

対照的な店長を擁する2店を抽出した小林は、このテストが人件費削減を全直営店に徹底させるよい機会になると考えていた。

「小林部長、やりましたよ。人が多ければいいってわけではないんですね」

渋谷店の店長が大喜びで報告してきたのは1カ月後のことだ。

その1カ月間で、渋谷店は計画通りの人件費を達成し、売上予算も達成した。一方、銀座西店は、計画に対して20％以上の人件費オーバー。売上も予算対比90％と大幅な未達となってしまった。

「東田部長、渋谷店は大成功ですよ。このまま全店に広げればすごいことになりますよ」

「小林君、まだ喜ぶのは早すぎるよ。銀座西は成果が出ていないんだろう」

「ええ。でも**やる気と方法の問題ですよ。絶対に全店で成果を出します**」

東田と小林は、2店の状況を店長からヒアリングしたり、実際に店舗を巡回して検討した。その結果、今回設定した人件費は十分に実現可能な水準であること、ただしその前提として、**業務標準が確立し、従業員が十分それを理解して一定のレベル以上に教育されている必要がある**という結論に達した。

東田は小林を通じて、銀座西店の店長に、業務標準の明確化と従業員の再教育を行い、目標人件費の達成と売上を確保するよう指示した。

渋谷店の成功に刺激を受けた銀座西店の店長は、自分の管理不足と教育不足を反省し、全力で改善に取り組んだ。そして、3カ月目には渋谷店同様、計画を達成したのである。売上もほぼ予算通りに確保した。

「東田部長、銀座西店も達成できました。これですぐ全店に取り組みを指示します。**成功したらすごい数字が達成できますよ**」

「オペレーションの標準化と従業員への教育徹底で、この目標はどの店舗でも達成できそうだな。思った以上の成果が得られるかもしれない」

東田は、3カ月で計画通りの成果が挙げられたことに大満足だった。

全直営店にこの取組みをスタートさせた小林は、6カ月後には全店で目標を達成し、営業利益率を3%以上アップさせるという驚異的な成果を得た。

「**フランチャイズ化を目指すと決めたおかげで、直営店の改善がこんなに進むとは考えてもいませんでした！**」

想像以上の成果に興奮気味の小林から報告を受けた宮田は、思わぬ成果に内心飛び上がりたいくらいの喜びを感じていた。

「これだけでもフランチャイズ化をスタートした意義があった」

原価率の低減

人件費同様、費用の中で大きな割合を占めるのが、原材料費などの原価である。ミラノエクスプレスでは、本物のイタリア料理をできるだけリーズナブルな価格で提供するという基本方針に則り、材料は徹底的に吟味したものを使っていた。そのため、通常のファミリーレストランなどに比べるとやや高い原価率となっていた。

しかし、原価率を低減すれば商品の価値を落とすことにつながりかねない。やみくもに下げることはできなかった。

東田は営業部長として、規格に忠実な商品を提供することを徹底してきた。原価に関しては、無駄の排除など店舗段階で取り組めることを通じ、予算どおりの数値を達成してきたのである。

ところが、今回はもっと抜本的な方法で原価を洗い直す必要があった。商品企画についてはほとんど素人の東田は、企画担当の河本部長の協力を得て原価率低減に取り組むことにした。

企画部は営業部の隣りに細長くレイアウトされている。そのいちばん奥まったデスクに陣取る河本は、もともと大手レストラン・チェーンの商品企画を長く担当していた。

宮田に請われて入社してからは、商品企画だけではなくマーケティング全般を担当していたが、商品の品質やコンセプトへのこだわりは宮田以上だった。また、そのこだわりがミラノエクスプレスの業態としての強さを増し、ここ1年で数多くの名物商品を生み出していた。

東田は、河本の在席を確認するとオフィス奥のミーティングルームに誘った。

給湯コーナーでコーヒーを調達した2人は、待ちかねたようにすぐ本題に入った。

「河本部長、ミラノエクスプレスの原価率って適正ですか？　これ以上抑えられませんか？」

自分で考えるより人の意見を聞いて考えをまとめていくタイプの東田は、河本に率直にたずねた。

「突然ですね、東田部長。急にそんな漠然とした質問をされても答えようがないですよ」

河本は、職務がら言葉の使い方や定義に厳格であった。東田が言葉足らずにせっかちに質問しても、期待した返答がもらえるはずがなかった。

「すみません。実はフランチャイズ化にあたって、もう少し投資回収期間を短くしたいんです。初期投資額も抑えますが、利益率ももう少し改善したいと考えているんです。そのために、原価率をどの程度まで改善できるかと思って、相談させてもらっているんです」

「そういうことですか。わかりました。では、私の原価に関する考え方からお話ししましょう。

私は、**材料費がいくらだから売価はいくら、といった積み上げ方式の価格設定では、お客様からの支持は得られない**と思っています。当然、競争力もなくなります。したがって、わが社では、商品価値をお客様の立場で判断しながら価格設定を行っています。

そして現在は、損益構造上の適正利潤を確保できると思われる35%を目標原価率に設定しています。商品ごとにバラツキがありますから、全体のプロダクトミックスを考えて目標内に収まるよう企画しています。

35%が高いかどうかについては一概にはいえませんが、もっと下げる努力は可能でしょう。ですが、商品価値を損うようなやり方は絶対にできません。これだけははっきりしています。経済環境の変化などに伴い、ここ数年価格は下げ傾向になっています。ですから、原価率をこれ以上下げるのは、実際にはかなり難しいというのが私の意見です」

河本は静かな口調ながら、自分は最大限の努力をして現在の原価率を実現しているのだから、これ以上は無理だ、と言いたそうだった。

「河本部長、原価率を下げるには、どんな方法がありますか」

東田は、簡単には諦められないといった気持ちで、さらにたずねた。

2人の後ろには大きなホワイトボードが置いてあった。河本は立ち上がってボードに原価低減方法を書き出した。

原価低減方法

①原材料の調達ルート、調達方法の変更
②原材料の変更、代替
③商品の容量の減少
④量の拡大による調達コストの低減
⑤原材料の仕様の変更

「大きなものは、こんなところですね。細かい点はまだありますが。でも、こうしたことはいままでも十分やっていますよ」

河本は、いまさら素人考えで原価を下げろと言われても簡単には対応できるはずがないという思いで、不満気に東田を見た。

「いままでできていなかったと言いたいわけじゃないんです。フランチャイズ化に際して、検討できる点はすべて検討し、可能な限りレベルの高いパッケージに仕上げたいんです」

「東田部長のおっしゃることもよくわかります。ところで、どの程度のコストダウンが必要なのですか？」

「明確な目標があるわけではないのですが、1％でも2％でも手がつけられるところからお願いしたいのですが」

「わかりました。一度、部内で検討してみますよ。私もプロとして、これでいいとは思っていませんから。部内の若い連中の意見や現場の人の意見も参考にして、よい方法がないか考えてみます。1カ月ほど時間をください」

河本は、ここで話してもラチがあかないと思い、再度検討することを約束して早々に切り上げた。

「よろしくお願いします」

東田はもう少し話したかったが、任せるしかないと思って諦めた。

「実際の担当者に現状を改善してもらうのは、なかなか難しいな。1カ月もかかってしまうのか。でも、企画部門に納得して取り組んでもらわないと、うまくいかないしな」

河本が席に戻った後、東田は一人で窓の外を見ながらボヤいた。窓の外の八重桜は、花を落として青葉が枝を覆っていた。季節は春から初夏に移りつつあった。

自分のデスクに戻った河本は、せわしなく電話で話したり、パソコンの前で難しい顔で考え込んでいる企画部のメンバーを目の端でとらえながら、東田部長からの申し入れにどう対処しようかと考えを巡らした。

とりあえず1カ月の猶予をつくったものの、**現在以上のコストダウンが簡単にできるとは思っていなかった。**以前在籍していたレストラン・チェーンでは、利益達成が難しくなると小手先の原価低減を行うことがたびたびあった。だが、長い目で見るとお客様の満足度を下げてしまい、競争力が低下してしまう悪循環を繰り返していた。

「フランチャイズ化か。簡単にいかないのはわかるが、企画部にまで関係してくるとは思わなかった。東田部長の希望も理解できるけれど、競争力が下がってしまうと元も子もない。かといって、なにも手を打たないわけにもいかないし……」

河本は、企画部長として東田の依頼に応えねばという使命感と、期待以上のことをやってみせたいというプライドは持っていた。

しかし部下からは、これ以上コストを落とせば競争力が落ちることになるという**反対意見が出るのは目に見えていた。**

新商品開発に際しては、目標原価を守ることが厳格に求められていた。ところが、担当者は、売れるものをつくりたいという気持ちから、どうしても過剰品質気味になり、目標原価をオーバーしがちだった。

「簡単にコストを落とせといわれても、部下に指示すれば終わりというものでもない。逆にあまり細かく指示しても、みんなが思いどおり動くわけではないし……」

こうして河本が頭を悩ませているうちに、いつのまにか終業時刻を過ぎていた。企画部には商品企画担当の吉田しか残ってなかった。

「吉田君、もう終われるかい?」

「はい、そろそろ終わりにしようと思っていたところです」

「ちょっと一軒寄っていかないか?」

「いいですね。行きましょう」

河本はそれほど頻繁に飲みに行くほうではなかったが、東田からの依頼にどう対処すべきかの意見も聞きたくて、吉田を誘ったのである。


駅に向かう途中のこじんまりした中華料理店の奥に陣取り、とりあえずのビールを頼んだ後で河本は切り出した。

「吉田君、現在のうちの原価率っていくらかわかるか?」

「はい。標準原価率は35%のはずですが」

「そうだ。で、いまより原価率を下げることはできるか?」

「下げるんですか? 単純に下げるならできますが、売上が落ちる可能性はありますよ」

「売上を落とさずにさ。決まってるだろう」

「それは無理ですよ」

「簡単に言うね」

「だって部長、いまだって相当無理をしてコストを抑えているんですよ。それをもっと下げろといわれても……」

吉田は、河本と1つしか歳が違わない。また、ミラノエクスプレス社での在籍期間もほとんど変わらないため、河本に対して遠慮がなかった。河本にとっても、吉田のそんな率直な態度は好ましかった。

「言いたいことはよくわかったよ。でもなんとかならないかなあ」

「部長、突然原価を下げろって、いったいどういうことですか？　詳しく説明してくださいよ」

「今日、東田部長から依頼があったんだよ。フランチャイズ化にあたって投資回収をよくするために利益率を上げたいようなんだ」

「ああ、そうですか。やっぱりきましたね。営業部で人件費削減の実験が始まったので、うちにもくると思っていました。**そういうことならやりましょう。フランチャイズ化で店舗が増えるんなら、調達面を含めて検討すればなんとかなりますよ**」

「そうか。それじゃあ明日、企画全員でミーティングをやろう」

意外に簡単に「やってみよう」と応じた吉田の言葉に驚きながら、河本は昼間の悩みが少し晴れたような気がした。

料理にはほとんど手がつけられていなかったが、ようやく2人は食べることに専念し始めた。

河本は、以前在籍したレストラン・チェーン本部の、保守的でなかなか現状が改善されない体質に限界を感じてミラノエクスプレスに移って来た。それなのに、**いざ自分が同じ立場に立たされると、いつの間にか保守的になって、できない言い訳ややらずにすむ方法を考えていた。**うまそうな焦げ目のついた餃子に箸を伸ばしながら、河本はひとり苦笑した。

翌日からの河本の動きは、積極的で自信に満ちていた。さっそく企画部の担当者を集め、原価低減に関するミーティングを開いた。

懸念したとおり、ミーティングは当初、不満気な空気に包まれていた。だが、河本と吉田の熱意に押され、低減目標の設定と各自の業務分担について大まかな方針を決めることができた。

その後、東田と河本は、メールで原価低減の進展について情報交換を行っていたが、河本からは、部内の担当者がなかなか思ったように動かないと弱気なメールが入ったりもした。

3週間が過ぎた頃、河本は、原価低減に目処がついたのでミーティングを行いたいというメールを東田に送った。

前回の打ち合わせからちょうど1カ月。2人はいつもの会議室で、再び原価率の低減についてのミーティングを持った。

「東田部長。途中経過は、メールで送信したとおりです。だいたいの状況はおわかりだと思いますので結論だけ申し上げます」

河本は、今回の検討の結果を簡単にまとめた書類を東田に渡して、説明を始めた。

ミラノエクスプレス原価率の目標設定に関して

● 現在の原価率＝35％

●目標原価率＝33％
●低減率＝2ポイント
●低減方法
・ジェラート、デザート類の調達ルートの集約化で0・5ポイント低減
・パスタの年間使用量の一括発注によるコスト低減で0・5ポイント低減
・乳製品の仕様変更と調達先の変更で0・5ポイント低減。
・デリカテッセンの売上／利益マトリックスに基づく企画変更の実施で0・5ポイント低減

「どうですか、東田部長。現時点でこれ以上やると、競争力がなくなってしまいます。損益構造上も33％の原価率は決して高くありません。この範囲内で、今後は差別化された特徴ある商品づくりを推進していくよう力を入れます」

河本は、これで精一杯だというように、断定的に説明を終えた。

途中経過をメールを通じて知らされていた東田は、結果については、だいたい予想がついていた。

東田も、ミラノエクスプレスが割高感のある商品を提供してはいけないという思いが強かった。

「河本部長、短期間で2ポイントも低減していただけるなんて予想以上ですよ。私も、うちの命は商品だと思っています。むやみな原価低減はやらないほうがいいと思います。でも、加盟店が増えて使用量が増えれば、もっと価値の高い商品がつくれるということですよね？」

東田は、少し渋っていた河本が部門を挙げて協力してくれたことが嬉しく、少し興奮気味だった。

「では、次回の幹部会に報告し、承認を得たうえですぐ実施したいのですが。説明は河本部長のほうでお願いできますか？」

東田は、早くスタートすることで直営店での実績づくりを進めたかった。加盟店に説明する際、直営店での実績数値は絶対に必要だった。

幹部会で承認後、直営店でさっそく取り組んだ結果、4カ月後には、全店が原価率33％の目標数値を達成した。商品価値が損われることもなく、売上高も順調に推移した。

東田は、**各部門の協力で着々とビジネス・パッケージのレベルが上がっていくことに、自信を深めていた。**

「自分一人では、到底ここまでの改善はできない。ありがたいことだなあ」

まわりからは、自信家でややお調子者と思われていた東田も、今回の業務を通じてひと回り大人になっていくようだった。

初期投資額、人件費、原価の低減によって、ミラノエクスプレスの損益構造は大きく変わった。

東田はここまでの成果を投資回収比較表としてまとめてみた。

「すごい！　営業利益率が20％を超えた！」

東田は比較表を見ながら、ミラノエクスプレスが投資対象としての魅力をグッと増したことに、大きな満足を感じていた。

3 成功へのステップ 収益力を高める

事業をフランチャイズ化する際、まず取り組むべきテーマは、収益力を一定レベル以上に高めることである。加盟希望者が、収益面で十分な魅力を感じるかどうかは、フランチャイズ成功の最重要ポイントとなる。フランチャイズ化する場合は、直営だけで展開する場合よりも、さらに高いレベルの収益力を持たねばならない。

また、ミラノエクスプレスがそうだったように、フランチャイズ化には、従来より収益力の高い事業体質が構築できるという大きなメリットもある。

収益力を高める方法

収益力を高める方法は、次の3点に集約できる。

・売上を上げる

・営業費用を低減する
・支払利息、営業外費用を低減する

フランチャイズ化に際してとる施策は、2番目の営業費用の低減を検討することが基本となる。その内容は、以下の4点にまとめられよう。

・初期投資額の低減（減価償却費の低減）
・原価率の低減
・人件費の低減
・賃借料、広告宣伝費、水道光熱費、通信費等の営業費用の低減

ここでは、効果の大きい初期投資額、原価率、人件費に関してまとめておく。

初期投資額の低減

一般的に、次に挙げる項目が初期投資額に含まれる。

・建物の建設費

・内外装費（看板等含む）
・設備費（飲食業の場合は厨房設備含む）
・物件取得費（礼金、保証金等）
・加盟金等

フランチャイズ化に際しての初期投資額低減では、建物の建設費、内外装費、設備費が検討対象になることが多い。これらの費用を低減するには、次に挙げる方法をトータルで実施すればよい。

・低減目標の設定
・設計の見直し
・什器、家具、看板などの仕様の統一化と量産化
・内装の仕様の再検討と工期の短縮、作業員の時間管理の徹底
・競争見積もりの実施

原価率の低減

フードサービス業では、原価率の変動が加盟店の収益に直接の打撃を与える。物販業でも、原価率悪化は本部の利益構造に悪影響を与え、チェーン全体の収益力低下を招き、最終的には加盟店へ

の納品価格に影響を及ぼすことになる。したがって、フランチャイズ化に際しては、本部が一定水準以下に原価率を保ちながら、目標売上高を確保する仕組みが築けるかどうかが大きなポイントとなる。

原価率に大きな影響を与えるのは次の3項目である。

- 購買力
- 物流コスト
- 商品企画力

フランチャイズ化に際しては、目標原価率を設定し、3項目すべてでコスト低減の施策を検討し、実施に向けた調整と交渉を行う。

ただ、経済環境の変化でいつの間にかまた悪化してしまっているという場合が多いので、原価率に関しては、継続的に低減努力を続けることが求められる。

人件費の低減

人件費は、原価とともに、収益に大きな影響を与える費用項目だ。その多寡を算定する指標には、労働分配率や人時生産性などがある。だがフランチャイズ・チェーンの場合、新規性の強い業態も多く、必ずしもそれが適切ではない場合も目立つ。

したがって、従来の指標に頼らず、「業態の標準化」「売上規模に基づいた適正人員」を効率的に追求して人件費を設定すべきだ。

人件費低減のステップは次のとおりである（95ページのまとめの再掲）。

① 1日の標準業務と標準時間を設定する
② 標準業務に必要な人員を15分単位で配置する
③ ①と②に基づいて人員配置の標準シフトを作成する
④ 標準シフトを売上変動（季節、曜日）に対応して調整する
⑤ 週間・月間・年間での標準業務と標準時間を設定する。
⑥ 週間・月間・年間標準業務に準じて人員配置を行う。
⑦ 標準シフトに基づいて管理運用方法を作成し、その実施を徹底する
⑧ 全項目に基づいて年間総労働時間を算出し、年間の標準総人件費を設定する。

4 競争力を高める

魅力あるフランチャイズになるために②

現在の自社の魅力はなにか？

引継ぎを終え、フランチャイズ化業務の専任になった東田は、慣れないせいもあり、1カ月が1週間くらいに感じられる日々を過ごした。

本社オフィスの女性スタッフたちの装いも夏服に変わり、ちょっと外を歩くと汗ばむ季節になっていた。窓の外の桜並木も緑の色を濃くしていた。

「第1段階はクリアしたが、まだまだやるべきことはたくさんあるな」

東田は、窓際にある自分のデスクに座り、パソコンのマウスを動かしながら、スタート時に作成したフランチャイズ本部構築のための業務スケジュール（75）を確認していた。

「道のりは半ばにも達していないないな」

と思いながら、次のステップの進め方を思案していた。

「次はミラノエクスプレスのパッケージとしての魅力度をどう高め、加盟希望者に対してどう訴求していくかを検討しなければ……」

収益性では魅力あるパッケージに仕上がったが、業態自体の魅力度は、直営店が繁盛しているから大丈夫という漠然としたイメージしかなかった。

なぜ多くのお客様から支持を得ており、将来にわたって支持され続けるのか、といったミラノエクスプレス自体の魅力を明確にして、加盟希望者にも説明できなければならなかった。

東田は、自分一人で業態としての魅力度を検討するのは無理だと考えた。営業畑をずっと歩んできたので、コンセプトづくりのような業務もあまり得意ではない。

「この分野は企画担当が専門だけど、企画だけにお願いするわけにもいかない。関連するメンバーを集めて検討作業を進めよう。理念体系があるから基本的な部分は合意できている。加盟希望者に対して具体的に説明できる内容をまとめればいいだろう」

東田はさっそく、メンバーをピックアップして、すぐ検討に入りたい旨を幹部会に答申して了承された。

リーダーは東田。企画から2名、営業から2名、人事から1名が参加して、ミラノエクスプレスの魅力度を検討するためのミーティングが定期的に持たれることになった。アウトプットの目標は9月末。実質3カ月間もなかった。

第1回のミーティングで東田は、参加者に今回のミーティングの主旨と今後のスケジュールについて説明した。

このメンバーではリーダー格になる企画担当の**和久井達也**が、東田を試すようにたずねた。

「東田部長、ミラノエクスプレスの魅力を簡潔に表現するということですが、この春、幹部会でまとめられた理念体系の中の事業コンセプト規定とは違うものをお考えですか？」

和久井は、東田が営業出身のためコンセプトづくりのような業務には不慣れだと考え、今回のミーティングは自分が主導権をとろうと考えていた。

「事業コンセプト規定は、ミラノエクスプレス社が将来にわたって事業展開を図るフィールドについて表現しているはずだよ。厳密には業態としての特徴や魅力を表現しているわけではないんだ。今回は、ミラノエクスプレスが、なぜお客様から支持されているかを明確な言葉で表現したいということなんだ」

東田は、丁寧にメンバー全員の顔を見ながら話した。

「いままでは、イタリア料理のファストフードレストランで、どこよりも美味しくて価格もリーズナブルといった表現しかしてこなかった。けれど、もっと具体的で、お客様にも加盟希望者にもわかりやすく、共鳴していただける言葉を捜したいんだ」

東田にとって、今回のミーティングは非常に大切なポイントだった。

お客様から支持されている理由を明確に表現できないようなら、ミラノエクスプレスは、どこにでもあるレストランということになってしまう。それでは、将来にわたって繁栄を維持するのは難しいだろう。
とはいえ、参加者がその思いを理解するのは難しかった。5名のメンバーは、このミーティングに招集されたからといって、日常業務を誰か他の者にやってもらえるわけではない。しぶしぶ参加しているという気持ちが強かったのだ。

東田は専任の責任者なので、そうした彼らの気持ちを理解していなかった。東田としては、会社のために全力を尽くして働くことが、結果として自分のためになるんだという思いが強く、仕事が増えるのを面倒くさいとか煩わしいと思ったことは一度もない。しかし、他のメンバーにはそこまでの責任感もなく、それを責めるわけにもいかなかった。

それでも、東田は熱意を込めてくどいほど訴えた。

「よくわかりました。われわれは、いままで外に対してそういったことを表現してきませんでした。というより、あまり必要ないと思っていました。しかし、フランチャイズ展開にとっては欠くことができないということですね。さっそく具体的な検討に入りましょう」

リーダー格の和久井の言葉で、他のメンバーもようやく納得したようにうなずいた。東田は、和久井のひと言でとりあえず全員が前向きに検討する気持ちになってくれたことに胸をなで下ろした。このまま**後ろ向きの気持ちで検討しても、いいアイデアなど出てくるはずがない。**

「ではまず、ミラノエクスプレスがなぜお客様から支持されているのかを、思いつくままに挙げてください」

東田はホワイトボードの前に立って、みんなの意見が出るのを待った。メンバー全員が日頃考えていたことを思いつくままに挙げていった。

ミラノエクスプレスが支持される理由

料理がおいしい／値段がそれほど高くない／雰囲気が良い／ほとんど待たずに食べることができる／立地が良い／イタリア料理が日本人に好まれている／サービスが良い／イタリアの本場の雰囲気が味わえる／ピザが絶品／朝、昼、夕方、夜と時間に応じて料理や雰囲気が変わる／名前が有名で安心して入れる

「もう終わりか？」

東田は、核心をついた意見があるかどうか測りかねていた。

他社と魅力を比較する

「ミラノエクスプレスが、他社に比べて特に支持されている要因を挙げるとするとどうかな？」

東田の真剣な視線に少し戸惑いながらも、全員もう一度、競合と思われる店とミラノエクスプレスを頭の中で比較してみた。

「うちの競合ってどこですか？」

和久井は、自分の考えている競合が正しいのかどうかも疑問になり、みんなの顔を見まわした。

「そうだね。ひと口に競合といってもいろいろ考えられるからね。ではまず、競合といえるところ

をすべて列挙してみるか。その後もう一度、うちが特に支持されている理由を考えよう」

そこで、次々と競合名が挙げられていった。


ドトールコーヒー／マクドナルド／ケンタッキー・フライド・チキン／プロント／街の喫茶店／居酒屋／ピザショップ／スパゲティ・ショップ／コンビニエンス・ストア／持ち帰り弁当屋／宅配ピザ／モスバーガー／イタリアンレストラン／ファミリーレストラン／デリレストラン／回転寿司／ホテルのカフェ／カジュアルレストラン

「これらすべてが、なんらかの形で競合であることは間違いない。しかし、ここで挙げられた店同士は、必ずしもそんなに競合していないところもあるようだけど……」

東田は、ホワイトボードのリストを見比べながら、**ミラノエクスプレスが競合しそうな店が、一定の業態だけではないことに気づいた。**

「ミラノエクスプレスって、一つの狭い業態としては捉えにくいんじゃないかな」

「この競合店を見ていると、時間帯や使われ方が非常に多岐にわたっている。ということは、うちは時間帯でも利用のされ方でも、非常に多くの形を提供できているということだ」

東田は、一人でどんどん納得していた。他のメンバーは彼の思考に刺激を与える役割を演じていたが、和久井が東田の言葉につられて、勢い込んで続けた。

「そうですよ、部長。ミラノエクスプレスって、朝から夜遅くまでアイドルタイムがないんです。

それが規模の割に大きな売上を達成している要因です。つまり、うちの強みは、あらゆる時間帯に対応した店づくりができているということですよ」

営業から参加している最年少の林も、ひらめいたという顔で議論に加わった。

「そう、生活のあらゆるシーンに対応した食のための空間が提供できているわけです。ミラノエクスプレスのお客様は、マクドナルド的なファストフードショップを卒業した大学生以上の世代ですが、彼らの朝から夜までの食のシーンに対応できているということですよ。うちの原型となったBARも、同じようにイタリア人の生活の一部として溶け込んでいると聞きます。ミラノエクスプレスは、質の高い商品と空間を提供し、学生や会社員、OLが生活シーンに求める期待に、いまのところ応えているんでしょう」

「いいね。なにかモヤモヤしていたものがすっきりと晴れたような気持ちだ。じゃあ、そのあたりをわかりやすい言葉でまとめてみよう」

東田は、みんなから出た意見をまとめ、ホワイトボードにゆっくりと書いていった。

ミラノエクスプレスの魅力

- 朝から夜まであらゆる食のシーンに対応した、日本で唯一の大人のためのイタリアン・ファストフードレストラン。
- 本格的なイタリア料理を、手頃な価格でスピーディーに味わえる。
- 一人でもグループでも気軽に利用でき、陽気なイタリアの雰囲気に満ちた心地よい空間を楽しめる。

・親しみがあって嫌みのないフレンドリーな接客サービスが実感できる。

・これらすべてがミラノエクスプレスの大きな魅力となって、多くの人から支持を得ている。

東田は、いままでの意見を自分なりの言葉に置き換えながら箇条書きにまとめた。

「いいですね。そのとおりですよ！　ミラノエクスプレスがなぜ繁盛しているかが、誰にでもわかりますよ」

和久井が、何事が起きたかと誰かが覗きに来そうなほどの大声を上げた。

東田も和久井と同じ気持ちだった。回りくどいテーマで議論するのは苦手なだけに、予想以上にうまくまとまって気をよくしていた。

「今日はここまでにして、次回は今日挙がった要因の一つ一つが具体的にどう実現されているかを検討してみよう」


ミーティングを終え、みんなより少し遅れて部屋を出た東田は、社長室から出てきた宮田に声をかけられた。

「東田部長、もう終わったのなら、いっしょに銀座店へ行かないか」

「はい。私も少しお話をと思っていましたので、お供します」

東田は、脇に抱えていた書類をデスクに置き、慌てて宮田の後を追った。本社ビルを出たところ

成功するFC戦略　読者プレゼント

『成功する FC 戦略』の読者の皆様に、以下のプレゼントをご用意しました。本書の理解をさらに深め、フランチャイズ展開を成功させるために、ぜひご活用ください。

特典 1

フランチャイズ・ビジネス入門 (PDF・無料)

本書に書ききれなかったフランチャイズの仕組みに関する解説などを行っています。下記のサイトから PDF をダウンロードできます。

特典 2

フランチャイズ化適性相談（無料）

著者・民谷昌弘に直接ご相談いただける機会を設けました。相談会場は原則としてアクアネット・フランチャイズ経営研究所会議室（東京都港区赤坂）となりますが､zoom ミーティングも可能です。所要時間はおよそ 30 分程度です。
下記サイトからお申し込みください。

お申し込みページ URL
https://aqnet.co.jp/dtokuten
パスワード：fc100

『成功する FC 戦略』あおぞら書房

で、宮田は歩道沿いの桜並木を見上げて待っていた。

「すっかり夏の装いだね。進の好きな季節になってきたじゃないか」

宮田はゆっくりと歩き出しながら、東田に話しかけた。

役員の中でも最も若く、生え抜きでもある東田進を、宮田は弟のようにかわいがっていた。社内会議などではきちんと東田部長と呼んでいたが、2人で話すときは、「進」という入社当時の呼び方が出ることがあった。

「そうですね。いつもの年なら、もう2～3回はキャンプに行ってますね」

東田はアウトドア派で、ちょっと時間ができると、愛車のSUV車を駆って山へキャンプに行くのを楽しみにしていた。ところが、今年はフランチャイズ担当になったため、一度もそうした時間が取れていない。

「そうか。仕事のしすぎか。あまり無理をするなよ。でも今年はちょっと厳しいかな」

宮田は同情しながらも、仕方ないという思いで言った。


銀座店は、夕方の小さなピークが過ぎ、夜の顔に変わっていた。2人は店のいちばん奥に座り、生ビールを前にして入り口の方を眺めながら話し始めた。

「話したいことって何だい？」

「社長も何かあったんじゃないんですか。どうぞ、先にお願いします」

「俺のは大したことじゃない。橘さんが、君がデスクの前で暗い顔で悩んでいることが多いと心配していたので、ちょっと気になっただけさ。でも、顔を見たらぜんぜん心配いらないことがわかったよ」

「それは言い過ぎですよ、社長。私にだって、いろいろ悩みはあるんですから。特に今回の仕事は、現場中心でやってきた私には簡単ではありません。でも、さっきのミーティングでも、なんだかんだ言いながらもみなさんが協力してくれるので、うまく進んでいます。まあ、私自身については、ご心配いただかなくて大丈夫です」

「そうか、それはよかった。じゃあ、君の話したいことを聞こうか」

「はい。フランチャイズ展開に向けて、ここまでほぼスケジュールどおり進めてきました。また、幹部会メンバーとはスタート前に十分話し合ったので、その意義や目的等は理解していただいています。しかし、一般社員はどうでしょう……実際に協力を依頼すると、その事に関しては一生懸命やってくれますが、それ以外は無関係という意識が強いようです。**このままでは、直営は直営、フランチャイズはフランチャイズということになりかねません。そんな壁ができることを少し心配しています……**」

「そうか、ありがとう。たしかに大事なことだな。どうすべきかちょっと考えてみるよ。ところで話は変わるが、そろそろメンバーを増やす時期になっていないか。この前、伊達先生にお会いしたとき、専任メンバーを増やしてきちんと体制をつくる時期にきていると言われたんだが」

「伊達先生のおっしゃるとおりです。今日はそれもお願いしようと思ってました。そろそろ加盟店募集に向けた資料やマニュアルの作成を行う時期なんです。直営店にも大きく貢献する作業なので、全員に協力はしてもらいますが、その場しのぎでメンバーを集めてもうまくいきません。ぜひ早めに専任スタッフをお願いします」

「わかった。専任スタッフの件と全社員への意識の浸透は、俺のほうで責任を持って行うよ」

宮田は、東田が予想以上に順調に業務を進めている様子に安心した。また、小さな組織にも、やはり部門間や上下に壁が存在することに驚きつつ、いまならまだ自分の力で解決できるという自信を持っていた。

そろそろ会社帰りのサラリーマンやＯＬが店内のテーブルを埋め始めていた。

「今夜も忙しくなりそうだな」

宮田は、お客様で埋まるテーブルを眺めながら、嬉しそうに東田を見やった。

「そうですね。お店の繁盛がフランチャイズ化に向けて、いちばんの自信になります。繁盛店あってのフランチャイズですから」

東田も宮田同様、お客様の流れに目を細めながら答えた。

これ以上いると店の営業を邪魔しかねないので、２人は早々に切り上げ、人通りで賑わう銀座通りの裏を抜けて本社へ戻った。

加盟希望者を惹きつける魅力をまとめる

ミラノエクスプレスの魅力を理解してもらうには、その魅力が、どのようなシステムやオペレーション方法で実現されているかを明らかにしなければならない。

東田と各メンバーは、2週に1回のペースでミーティングを開き、それらを明確に説明できるようまとめていった。

その過程で、いままで気にも留めていなかった点が重要なノウハウだったり、よくできたノウハウだと思っていたものが不十分だったりということもあった。

彼らが自社の魅力を「**ミラノエクスプレスの繁栄を支える7つの秘密**」としてまとめあげたのは、約2カ月後のことである。

そしてそれはそのまま、加盟希望者にミラノエクスプレスが持つ差別化されたノウハウを説明する際の切り札となったのである。

ミラノエクスプレスの繁栄を支える7つの秘密（社外向け資料）

①朝から夜までフルタイムでお客様のニーズに応える「BLTDシステム」

- ミラノエクスプレスは、1日に4つの顔を演出することで、お客様の時間帯別ニーズにきめ細かく応えています。そして、時間帯別の特徴ある雰囲気づくりには、テーブルマット、テーブルクロス、クルー（従業員）のユニフォームと照明などを効果的に活用しています。
- B＝朝食（Breakfast）8時～11時――イタリアンサンドイッチとソフトドリンクを中心としたメニュー構成。イエローを基調とした爽やかな雰囲気を演出。
- L＝昼食（Lunch）11時～14時――ピザ、パスタ、サラダを中心としたメニュー構成。レッドを基調としたウキウキ明るい雰囲気を演出。

- T＝（Tea）14時〜17時――ジェラートやデザートとソフトドリンクを中心としたメニュー構成。イエローとグリーンを組み合わせたやや落ち着いた雰囲気を演出。
- D＝夕食（Dinner）17時〜23時――デリカテッセンやピザ、パスタとアルコール飲料中心のメニュー構成。ブラックとグリーンを基調としたシックでアダルトな雰囲気を演出。

②できたての料理を待たせずにお出しする「フレッシュ&エクスプレス・サーブシステム」

- 忙しい時代です。そんな時代にマッチするため、ミラノエクスプレスは2分以上お客様をお待たせしません。独自の調理システム「フレッシュ&エクスプレス・サーブシステム」が力を発揮します。料理の特性に合わせて、いかにつくりたてのものをスピーディに提供できるかを追求しました。究極の調理システムです。

③落ち着いた家庭的雰囲気のサービスを実現する「フレンドリー・サービス・マニュアル」

- お客様が店を選択する基準は、外食専門の調査会社の調べでは、1位に雰囲気・サービス、2位に味・素材となっています。「フレンドリー・サービス・マニュアル」では、家庭にいるようなくつろいだ雰囲気のサービスを実現するため、クルーのテーブル巡回時の対応方法や、一歩先を行く気配りを徹底しています。もちろんお客様の声を日々反映し、定期的に改訂することで、常に最高のサービスを提供する仕組みがつくられています。マニュアルは、クルー教育の大きな武器なのです。

④どこにも負けない清潔感を演出する「クリンリネス・チェックリスト２００」

- ＱＳＣというと言い古されたイメージがありますが、その言葉の持つ重要性はますます重くなっています。ミラノエクスプレスでは、Quality（品質）は「フレッシュ&エクスプレス・サーブシステム」で、Service（サービス）は「フレンドリー・サービス・マニュアル」を通じて、最高水準を実現しています。
- Cleanliness（清潔）についても、ミラノエクスプレス流のこだわりがあります。毎日の清掃は時間も担当者も決まっています。しかし、クルー全員がクリンリネスを自分の仕事だと考えています。「クリンリネス・チェックリスト２００」は、ゴミを拾う、テーブルや椅子を揃える、ガラスを拭くといったことを自然に行う社風をつくり上げました。店内に一歩足を踏み入れたとき感じる、ピンと張り詰めた清潔感は、ミラノエクスプレスのクリンリネス・レベルの高さを証明しています。

⑤本物を味わう喜びを提供する「名物メニュー」

- フードサービス業であるミラノエクスプレスにとって、欠かせないのが名物メニューです。創業以来の人気を博しているレギュラーメニュー、その季節にしか味わえないシーズンメニューなどが、多くのお客様を惹きつけて離さないのです。では、ミラノエクスプレス名物メニューをご紹介します。

- 生地の薄さとトッピングのボリューム感が人気の「フレッシュトマトとシーフードのピザ」。
- 「ファルファーレ海老煮込みソース」と「コンキリエ生ハムと野菜添え」に代表されるショートパスタは、形のかわいらしさと豊富な種類で女性に大人気。
- サフランの色と香りが特徴的な「サフラン・焼きリゾット」。
- 少し厚めの子牛肉でつくった軟らかくてジューシーな「ミラノスタイル・カツレツ」。
- 「ベリー類のタルト」と「さくらんぼのジェラート」は、本場イタリアの味をそのまま再現したデザートの定番。

⑥高効率を実現する「テイクアウト商品の数々」

- ピザをはじめとして、パスタ、デリカテッセン、サラダ、ジェラート、各種デザートと豊富なドリンク類。ミラノエクスプレスでは、ほとんどの商品がテイクアウト可能です。朝の出勤前にはイタリアン・サンドイッチとエスプレッソコーヒー、ランチにはピザやパスタとソフトドリンク、ティータイムはデザートやジェラート、夕方はデリカテッセンを中心にピザやパスタといった具合に、一日中テイクアウトのお客様が途切れることがありません。テイクアウトの強さこそが、店舗規模の割に高い売上高を実現しているのです。

⑦お客様の満足をすべての原点と考える「ミラノエクスプレスCSアップシステム」

・ミラノエクスプレス繁盛の原点は、お客様の満足をすべての判断基準にしているということです。満足度を高める数々の工夫を、「ミラノエクスプレスCSアップシステム」を通じて行っています（CS：Customer Satisfaction＝顧客満足）。
・第1システム「お客様エクスプレスメッセージ」は、お客様が感想や要望を記入されたカードが、直接社長宛に送られるというシステムです。これに基づいて、改善点や新サービスの導入を社長が即断し、指示を出すのです。
・第2システム「お客様モニター制度」は、毎月モニターに選ばれたお客様に、料理からサービス、クリンリネスに至る100項目を評価していただき、改善点を抽出して各店にフィードバックするシステムです。
・第3システム「お客様なんでもメール」は、ミラノエクスプレスのホームページ上で、お客様からの意見や要望をメールで募るシステムです。各店舗に設置されるパソコンでも、閲覧やメール送信が可能です。
・その他、毎年1回の大規模なアンケート調査では、来店客だけではなく一般の方への調査も実施し、より多くのお客様に支持される店づくりを目指しています。常にお客様の満足度を測り、自分たちの正しい姿を知ることに、ミラノエクスプレスは最大の努力を払っています。

4 成功へのステップ
競争力を高める

事業をフランチャイズ化する場合、その事業がお客様から支持され続けるための魅力をできるだけ多く持たねばならない。そして、その魅力は、競合に比べて明らかに差別化され、優位性を持っている必要がある。

さらに、その魅力を維持し、さらに大きくするためのノウハウの確立も求められる。

事業の持つ魅力を明らかにし、その魅力を差別化する仕組みを確立することが、フランチャイズ成功へのステップとなる。

事業を差別化するための仕組みをつくる

事業の魅力を差別化する仕組みは、次のステップを踏んでまとめればよい。

①自社のターゲットを明確にする。

②ターゲットのどんなニーズに応えているかを明確にする。
③ニーズに応えるための特徴はなにかを抽出する。
④その特徴が、競合に比べて明らかに差別化されているかを判断する。
⑤誰にでもわかりやすい言葉で、その特徴を表現する（**図表4-1参照**）。

事業の特徴が他社と比べてあまり差別化されていなかったり、たいして競争力がないと判明した場合は、フランチャイズ化よりも、事業そのものの差別化・特徴づけの作業が優先事項となる。また、自社の事業に惚れ込みすぎて、実際以上に魅力的な特徴があると錯覚する場合がある。したがって、これを考える際には、トップや担当者だけで結論を出さず、複数の立場の異なるメンバーで検討すべきである。

魅力の裏付けとなるノウハウとシステムを明らかにする

事業の持つ魅力には、それを支えるノウハウやシステムが必ず存在する。しかし、直営店のみで展開している場合、それらがきちんと体系だっていなかったり、誰でもわかる明確な仕組みになっていないことがある。口頭での指導や暗黙の了解という形で継承されているというわけだ。

しかし、フランチャイズ展開では、そんな曖昧な形ではノウハウの継承は不可能である。誰にでもわかる形にまとめ、全員が同レベルで理解することが絶対に必要となる。

図表4-1　差別化の特徴を表現する

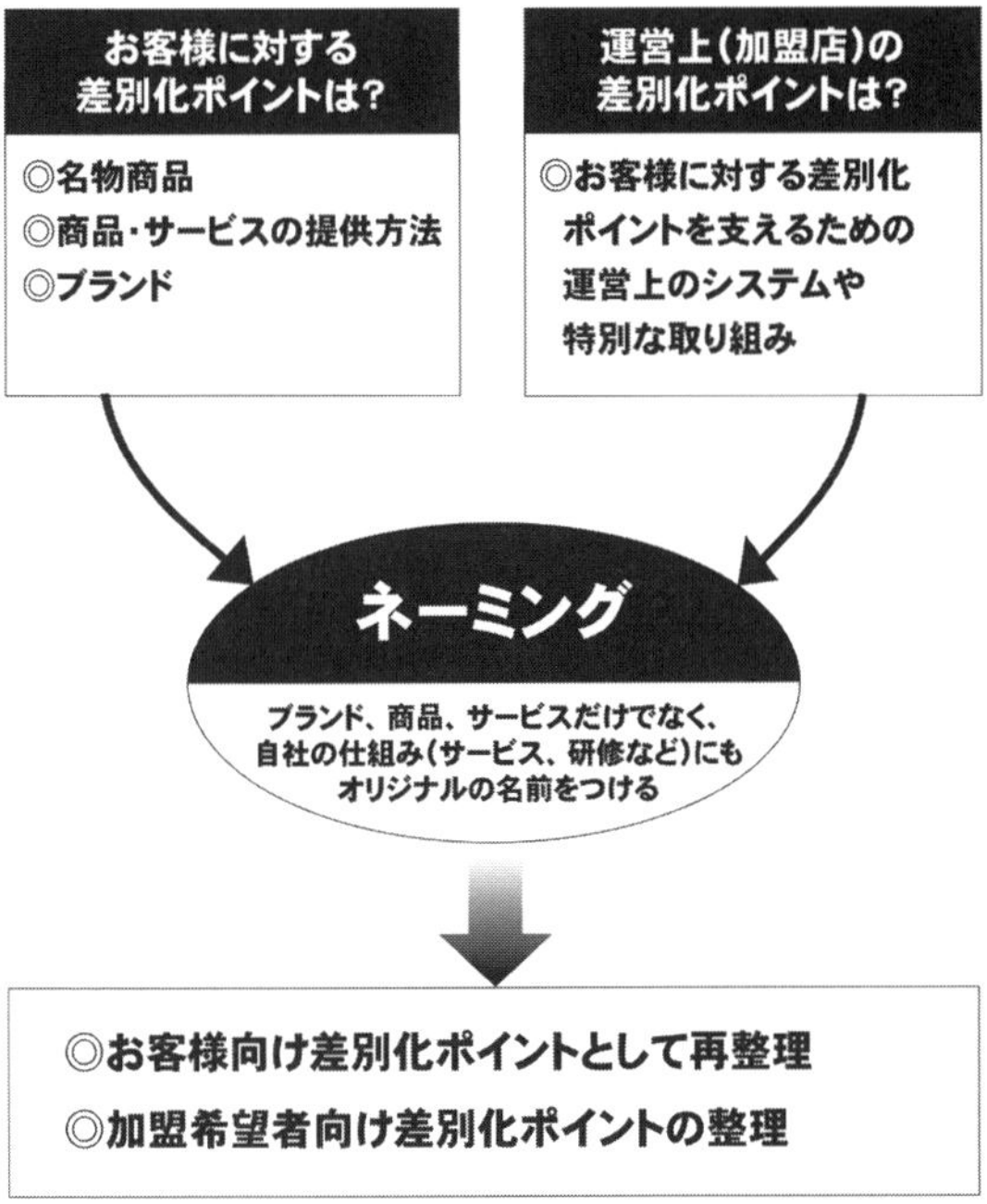
お客様に対する
差別化ポイントは?
◎名物商品
◎商品・サービスの提供方法
◎ブランド
運営上(加盟店)の
差別化ポイントは?
◎お客様に対する差別化
ポイントを支えるための
運営上のシステムや
特別な取り組み
ネーミング
ブランド、商品、サービスだけでなく、
自社の仕組み(サービス、研修など)にも
オリジナルの名前をつける
◎お客様向け差別化ポイントとして再整理
◎加盟希望者向け差別化ポイントの整理

ノウハウやシステムを明確にまとめる際のポイントは、次のとおりである。

- わかりやすい名称を付ける（内容が連想できる象徴的なものを）。
- マニュアルのような形のあるものにする（形式は不問）。
- 常に内容をブラッシュアップできる仕組みを持たせる。
- ノウハウ、システムごとに運用の責任部門を明確にする。

5 イメージ戦略を万全にする

魅力あるフランチャイズになるために③

ロゴや店舗デザインの統一

商品やサービスといったソフト面では、フランチャイズ化に向けた整備に大方の目処が立った。東田が次に取り組んだのは、**ビジュアル面での統一イメージの形成**であった。

ミラノエクスプレスは、現在、東京都内で10店を展開している。だが東京は広い。たった10店では、チェーン店として認識されるほどの数ではない。フランチャイズ展開にあたっては、一店一店の独自性より、ミラノエクスプレスとして明確に認知してもらえることが重要となる。

これまで店のデザインやイメージづくりに関しては、ほぼ一貫したポリシーで進めてきた。しかしそうはいっても、店舗の立地や形状によってかなりバラツキがあるのも事実だった。

東田は、宮田の在室を確かめると、秘書の橘の所へ行った。

「いますぐ社長の時間をもらえるかな。30分くらいでいいんだけど」

「少しお待ちください。すぐ確認します」

橘はキーボードを打つ手を止め、にっこり微笑んで立ち上がった。ノックして社長室に入るとすぐ戻ってきて東田を社長室へ招いた。

「どうした。東田部長」

東田が入っていくとすぐ、宮田はデスク前の応接セットに座るよう促した。

「そんなに急を要する話でもないんですが、少しお聞きしたいことがありまして。たまたまご在室のようだったので、橘さんに無理を言って時間を取っていただきました。

実は私自身、うちの店のデザインについてあまり理解できていないような気がしてきたんです。ここは社長にお聞きするのがいちばん早いだろうと、お伺いしました」

「東田部長が分からないと言うんじゃ、ひょっとして社内では誰も分かっていないのかなあ。**ロゴや店舗の標準デザインはマニュアル化されているだろう？**」

「ロゴは標準のデータがあります。店舗デザインはマニュアル化というよりは、いままでのものがパース（完成予想図）で残っている程度だと思いますが」

「その程度か。そういえば、デザインなどのビジュアル面を統括する部門も担当もなかったな。いままでは、そのつど私が決めてきたからね。いい機会だから君がトータルでまとめてくれないか。

フランチャイズ化にも必要なんだろ？」

「はい。必ずまとめなければならないテーマです。ただ、私が担当するのはいいのですが、デザインや設計については素人なので、誰かに協力してもらえませんか」

「それじゃ、伊達先生にお願いして協力していただくのはどう？　いろいろなところのデザインも手がけられているみたいだよ」

「わかりました。さっそくお願いしてみます。ところで、マークの意味やここまでの変遷については社長のほうでまとめていただけますか。それを参考にマニュアルをつくりたいと思いますので」

「いいよ。橘君にまとめてもらおう。4～5日、時間をもらえるかな」

「はい。よろしくお願いします」


社長室から自席に戻った東田は、すぐ伊達に連絡をとり、今回の依頼の主旨を伝えた。

伊達は、ロゴの**商標**（**サービスマーク**）**登録**が済んでいるかどうかを確認した後、最終的には**ビジュアル・アイデンティティ**（**VI**）**マニュアル**としてまとめる必要があることを指摘し、とりあえず検討すべきテーマを挙げた。

東田は、伊達の指示に従って必要な資料を集め、テーマに沿って検討していくことにした。伊達とのスケジュール調整をして、2カ月以内で最終的なマニュアルを仕上げることに決めた。

ロゴの商標登録については、必要な分類ですべて完了していた。通常、申請から登録まで最低でも1年程度かかるので、いまから新しく申請することになると、フランチャイズ展開上面倒な点も考えられた。だが、高山専務が法務面にも詳しく、会社創業後すぐ申請を終えていたのである。

ミラノエクスプレスの象徴は、「MILANO EXPRESS」のロゴである。そして、ベースとなるカラーは、グリーン、イエロー、レッドの3色だった。店舗デザインからパッケージデザインに至るまで、すべてこのカラーとロゴの組み合わせでできている。

店内は、ホワイトオーク調のウッドを基調としたデザインで統一されていた。

東田は、部下の和久井に指示して、パッケージと店舗で使用している消耗品などをすべて集めさせた。店舗の写真も店頭・店内それぞれのアングルで撮影したものを揃えさせた。

先日銀座店で宮田と話した後、すぐに東田のもとに和久井が配属された。ミラノエクスプレスの魅力を検討するミーティングのメンバーであり、企画部門では河本の片腕だった和久井がきて、もう1カ月が経つ。

はじめは、企画から外されたのを左遷かと思って気が進まない様子の和久井だったが、会社がいかに本気でフランチャイズ化に向かって進んでいるかを宮田はじめ幹部連中から聞かされ、ようやく前向きに業務に取り組むようになっていた。

現在のデザインを再検討する

東田と和久井は、資料が集まった頃合いを見計らって、本社会議室に全資料を並べ、伊達とともにデザインやロゴの違いを検討していった。

「先生、どうですか?」

東田自身は、資料を見渡しながら、だいたい統一した使われ方になっていると思った。

「そうですね、ぱっと見た印象では、それほど異なった使い方はされていないようです。しかし、ロゴの位置や色使いについてはかなりバラツキがあります。店舗の看板もそのへんの組み合わせがバラバラです。直営でやっているうちは、この程度の違いや混乱は大きな問題にはなりません。でも、フランチャイズ展開するとなれば話は別です。**ビジュアル面の少しの違いでも見過ごすと、いつのまにか似て非なるものになることが往々にしてあるのです**」

「どうすればいいですか？」

「まず、ミラノエクスプレスのベーシックデザインをつくり上げます。現状では、ロゴを中心にベースカラーの組み合わせ規定が必要です。次にパッケージやステーショナリー、店舗の消耗品におけるロゴの使用規定、カラーの組み合わせ規定などを決めていきます。

店舗のデザインについては、看板やファサードの規定を設けた後、店内デザインの規定を行います。標準レイアウトや使用部材などの規定は、標準積算といっしょにできているので、ここでは意匠面の規定だけで十分です」

伊達は説明した後、東田の不安そうな顔を見てすぐに付け加えた。

「この資料をお預かりして、いま話した内容をまとめるのでご心配なく。和久井さん、これをすべて私の事務所に送ってください。ビジュアル面の使用規定は、現状のものを整理すればいいので、デザイナーに依頼してまとめましょう。ただしその前に、いま使われているロゴやカラーがふさわしいか再度検討する必要がありますね。検討が終わって、ロゴやカラーが最終決定された時点で、実作業に入ります。東田部長、早急にミーティングを開いて再検討を行ってください」

伊達とのミーティングを終えてデスクに戻った東田は、ビジュアル面の再検討について、幹部会メンバーにメールを送ろうとキーボードを叩き始めた。

窓の外に見えるのは、高速道路を行き交う車だけだ。ボディに照り付ける太陽の反射光が、真夏の到来を感じさせた。

「もうすぐ夏休みか。今年はどこにも行けそうにないな」

例年ならキャンプを楽しみに、いろいろとプランを練る時期だが、今年はそれどころではなかった。やるべきことが多すぎた。自分一人でできることには限界がある。社内外を問わず、できる限りまわりの協力を得なければ、一向に業務は進まなかった。

しかし、キャンプに行けなくてもそれほど不満は感じなかった。営業部長時代もやりがいはあったが、いまの仕事にはそれ以上の使命感のようなものを感じていた。自分はミラノエクスプレスの新しい歴史をつくっているんだ。そんな気負いに近い思いに東田は包まれていた。

「加盟店募集まであと半年か。そろそろ追い込みの時期だ」

自分に言い聞かせるようにつぶやきながら、東田はもう一度送信内容を確認した。

ひと目でわかる印象的なデザインか？

幹部会で検討する前に、デザインに関する方向性は、東田のほうでまとめておく必要があった。

図表5-1　ミラノエクスプレスのロゴ

そこで和久井とともに、だいたいの方向性を決める作業に入った。最近は、東田と和久井がすっかりミーティングルームを占拠している。

「和久井君。伊達先生からもらった検討のポイントはいくつあるの？」

「大きくは3つです。**1つ目は、デザインが、見ただけですぐミラノエクスプレスだと認知できるか、強く印象に残るか、**という点です」

「具体的にはどういうこと？」

「成功しているチェーンは他と差別化された印象的なマークやロゴを持っているそうです。たとえば、マクドナルドのゴールデンアーチと呼ばれるMのマーク、デニーズなら黄色に赤のDenny'sのロゴといった具合に。ミラノエクスプレスも、フランチャイズ展開するに当たり、いまのロゴやカラー使いが印象深いものになっているか確認する必要があるということです」

ミラノエクスプレスのロゴは、イタリアっぽい洒落っ気があり、MILANOのOの中の月と太陽が強い印象を与えている（**図表5-1**）。東田は、毎年行われているアンケート調査の結果から、ロゴやカラーの認知度を調べるよう和久井に頼んでいた。

「和久井君、アンケート結果からわかったことを説明してくれないか」

「はい、今年の春に行った結果をまとめたのが、このレポートです」

和久井は、数枚のレポートを出して説明を始めた。企画部門で調査を担当していただけあり、この手のレポートをまとめるのは得意だった。東田は、自分がやれば大変な時間と手間がかかるなと思いつつ説明を聞いた。

「まず、ミラノエクスプレスのロゴの認知率ですが、来店実績のある人では95%を超えています。この数値はファストフード大手3社に匹敵するレベルです。

また、来店実績のない層においても、50%前半の認知率になっています。ただ、年齢が上がるほど率は下がりますね。この数字は大手に比べると低いレベルにとどまっています。原因は、店舗数と広告宣伝の差でしょう。

結論としては、ロゴは認知されやすく、他との差別化も明快だといってよいと考えます」

「ありがとう。よく分かったよ。変更するための検討をしているわけではないから、十分だと思う。ロゴは、いまのままで問題なしということでいこう。次に、カラーについてはどう？」

「こちらの前回のアンケート結果は、グリーンのイメージが最も強く全体の50%、レッドが20%、イエローが15%になっています。これ以外は、内装に使っている木のイメージが強いためか、ベージュやブラウンといった回答ですね。3色のベーシックカラーは確実に認識されていますよ。私見ですが、イタリア料理ということからいっても、いまのベーシックカラーで問題ないと思います」

「なるほど。比較的われわれの思いどおりに認知してもらえているんだね。すると、ロゴもカラーも、独立した店舗として十分に差別化されていると判断できそうだ。じゃあ、変更なしでいくことで幹部会に提案しよう」

「そうですね。ただ、これも私見なんですが、実は前々から感じていたことがあります。うちの場合、キャラクターというかマスコットがないんですよ。客層からいってあまり子供っぽいものは不要としても、インパクトのあるキャラクターやマークがあってもいいのかなとは思うのです」

「なるほど、必要かもしれないな。しかし君の言うように、お客様の年齢層が比較的高いことを考えると、無理してつくる必要があるかどうか疑問もあるね。これは、幹部会に投げてみるよ。ロゴとカラーは変更なし。マークかキャラクターは、今後の検討課題。これでいこう」

東田は嬉しそうに、和久井に向かって言った。

店舗イメージを的確に伝えるロゴやカラーか?

相変わらずミーティングルームを占拠した2人は、伊達から与えられた検討テーマを一気に片づけてしまうつもりだった。

「和久井君、伊達先生からの**2つめのポイント**はなに?」

「**ロゴやカラーが、ミラノエクスプレスのイメージを正しく伝えているか、**ということです」

「そういえば、この前社長に、デザインの意味とその変遷についてレポートしてもらうよう頼んだんだけど、できてるかなあ。和久井君、橘さんにちょっと確認してくれないか」

和久井はミーティングルームから顔を出して橘を捜したが、宮田ともども不在のようだった。

「部長、お2人とも不在のようですが……橘さんのことだから、もうメールしてるんじゃないでしょうか?」

「そうかもしれないね」

答えながら、東田は手元のノートパソコンでメールの確認を始めた。予想通り橘からは昨日のうちにレポートが送られていた。

「やっぱりきてるよ。また橘さんに怒られるところだった」

橘からのレポートには、ロゴとベースカラーの意味が箇条書きにしてあった。宮田からのヒアリングを彼女なりにまとめ、宮田の最終チェックを受けてから送信してきたようだ。

「まず、ロゴから検討しよう」

橘のレポートを見ながら、2人は検討を始めた。ロゴについて強調してあったのが、MILANOのOの中の月と太陽についてである。

東田は、ギリシャ神話か何かのデザインを参考にしたのだと思っていた。だがそうではなく、宮田がミラノを訪れた際に古いBARで見つけた、陶製の飾り皿がヒントなのだという。その印象が残っていたので、ロゴデザインを考えるとき、デザイナーに写真を見せ、どこかに取り入れてくれるよう頼んだものらしい。

なぜ月と太陽かというと、朝から夜まで全時間帯に対応した業態を目指すことを表現したかったのだという。

「そんなに深い意味があったんですか。もっとみんなに知ってもらえるよう訴求しないともったいないですよ」

和久井にとっては初めて聞いた話だった。

「俺だって初めて聞いたよ。社内でも知っているのは専務くらいじゃないかな。でも、あの月と太陽にそんな意味があったとはね。いい雰囲気だから気に入っていたが、**そんなにちゃんとした意味があるのならもっとうまく使いたいね**」

東田も和久井同様、驚きを隠しきれないようだった。

レポートでは色に関しては、「グリーンはオリーブ、イエローはサフラン&レモン、レッドはトマトを表す。このカラーを通じてイタリアを代表する食材を表現し、ミラノエクスプレスの食へのこだわりを示す」とだけ簡単に書いてあった。

「これは、社内の人間はよく知っているね。たまにイタリア国旗だという人もいるけど、イエローが白になるだけだから間違っても仕方ないよな」

東田は、自分も入社当時、ベースカラー3色をイタリア国旗の色と勘違いしていたので言い訳するように付け加えた。

「社内ではみんな知っていますが、お客様はイタリア国旗からきていると思っていますよ。単純なようですが、食材へのこだわりを反映しているのなら、その点を伝えることも大切ですね」

和久井は、デザイン面で伝えるべきことを正しくお客様に伝えていないことが歯がゆかった。

「この機会に、ビジュアル面での意味を、社内はもとよりお客様にも強く訴えていく必要がありそうだ。いままでは、黙っていてもわかってもらえるという、漠然とした思い込みがあったかもしれないね。幹部会では、今後のビジュアル面での訴求方法を具体的に検討していこう」

東田は、この件についての企画書を次回幹部会までにつくるよう、和久井に指示した。

街の嫌われものにならない店舗やパッケージか？

朝からずっとミーティングルームにこもりっぱなしの2人は、窓の外の陽射しが少し弱まったように感じた頃、ようやく最後のテーマに取りかかった。

「和久井君。伊達先生からの**3つ目のポイント**は？」

「**ミラノエクスプレスが街に悪いイメージを与えてはいないか**、ということです。特に店舗デザインや看板が景観上の問題となっていないか、テイクアウト用のパッケージデザインや素材が、環境に配慮したものになっているかですね」

東田は、全店舗の写真を会議室の机に並べてみた（**図表5-2**）。

「和久井君、どう思う？　うちの店は街の景観を壊しているかな？」

「まったく問題ないですよ。しかし、あくまでも東京都内の、それも繁華街立地での話です。京都や奈良のような特定地域や観光地などに出店する場合は、なんらかの配慮が必要になるのではないでしょうか。でも、安売りイメージの焼き肉チェーンや若者向きの低価格ファミリーレストラン・チェーンに比べれば、現在のままどこに出しても問題はないと思いますが」

「あまり低い水準で妥協するわけにもいかないよ」

和久井が挙げたチェーンについては、東田も見るたびにイヤな気持ちにさせられていた。間違ってもあんな店にするわけにはいかない、という気持ちは強かった。

「そうすると、通常の出店については現状では問題なし。ただし、特に景観に留意すべき地域で

図表5-2　ミラノエクスプレス店舗の外観と内装

は、そこに合わせたアレンジが必要、ということだな。京都なんかでは、看板や屋根の色も、街にフィットさせるくらいの配慮は必要だね」

東田は、**お客様の満足はなにも商品やサービスだけではない。店の存在そのものにも絶対に関係あるはずだ**と思っていた。少しぐらいコストアップになっても、地域の要請に誠実に対応していくことが、ミラノエクスプレスの使命だと考えていた。

「パッケージについてはどうかな？　環境に配慮した素材を使ったり、街で見かけても違和感のないデザインになっているかな？　和久井君は企画にいたから、よくわかっているだろう」

「環境への配慮に関しては、業界でもかなり先を行っていますよ」

ミラノエクスプレスでは、宮田の指示もあって、業界ではいち早くプラスチック製ストローの使用を中止している。さらに再生可能なものは、極力リサイクルするシステムを導入していた。

「ただし、**環境面への配慮については、世の中がものすごいスピードで進化していますから、これからも研究し続けて手を打っていかなければ**」

「そのとおりだね。このテーマについては現状のままで問題なし、ただし今後いっそう取り組み強化の必要あり、ということで報告しよう。幹部会が終わったら、伊達先生に結果を報告して、ビジュアル・アイデンティティ・マニュアル（137ページ参照）の制作に取りかかってもらおう。上がりまでは1カ月くらいかかるかな。ちょうど全体で2カ月か。なんとか予定どおりに進みそうだ」

自分たちの方向性を出した2人には、新コンビで大きな仕事を終えたという充実感があった。

「幹部会が終わらないと一段落したとは言えないけど、今日はちょっと祝杯といくか」

東田は、嬉しそうに和久井を誘った。

「はい、ぜひ。まだまだビールのうまい季節ですよ」

和久井も、東田のもとに配属になって、初めてゆっくり飲めることに嬉しそうだった。


2人が本社を出たときは、まだ太陽がアスファルトを照らしていた。仕事帰りのOLたちが誘い合ってどこかへ行くのか、楽しそうに話しながら2人の横を過ぎていく。

「まだまだ暑いなあ」

汗っかきの東田は、上着を持った手で強い西日を遮り、目指す居酒屋の看板を見上げた。

久しぶりに2人は思い切り飲んだ。

終電の時間になり、ようやく店を出た東田は、駅に向かう道すがら、夜風が少しひんやりして、歩道の植え込みから虫の声が聞こえているのに気づいた。

「季節は移る、か……」

成功へのステップ 5

イメージ戦略を万全にする

どんな事業にも、独自性を表現して他との違いを明確にするために、ブランドというものが存在する。そして、ロゴやマーク、ベーシックカラーといったビジュアル面の表現方法が、ブランドイメージ形成に大きな役割を果たす。

ブランドイメージが高まり、その認知が広がれば、チェーン拡大も加速する。つまり、万全なイメージ戦略の推進が、フランチャイズ成功への大きなステップとなる。

フランチャイズ展開に際しては、ビジュアル面のルールが正しく運用されないと、せっかく形成されたブランドイメージを崩しかねない。統一感のあるイメージ形成は、フランチャイズ・チェーンの命ともいえるのだ。

ビジュアル・アイデンティティとは

ブランドをビジュアル表現する基本アイテムには、ロゴ（ロゴタイプ、ロゴマーク）、ベーシックカラー（コーポレートカラー）、キャラクターなどがある。

これらは看板、店舗、車両、販促ツール、各種ステーショナリー、パッケージ類、ユニフォーム、営業消耗品などのデザインに反映される。

そういったデザインの仕様と運用を統一化した規定が「ビジュアル・アイデンティティ」である。フランチャイズ化に際しては、これを明確にしておかないと、まったくイメージの異なる加盟店ができてしまったり、お客様に渡すパンフレットの統一感が損なわれるといったことが起こる。

好ましいイメージ形成に向けた3つの留意点

ブランドイメージを高め、認知度を上げるには、守るべき留意点がある。

まずは自社のブランドイメージとビジュアル表現を正確に把握し、それらが、次の3つの留意点を十分に満たしているか確認してほしい。

■ロゴやマークが認知性の高いデザインとなっていること

フランチャイズ展開の目的は、規模の拡大にある。知る人ぞ知るという存在であってはならない。したがって、ブランドを表現するロゴやマークが、多くの人の記憶に残りやすく、パッと見てインパクトの強いものでなければならない。

特に看板や車両など、日常的に目に触れるものは、視認性が重要なポイントとなる。目立てばいいというものではないが、強く印象に残り、差別化されている必要がある。

■ブランドイメージを正しく表現したデザインになっていること

自社のブランドイメージをお客様に正しく伝えるには、デザインがそれを正しく表現できていることが求められる。フランチャイズ化に際しては、ブランドを通じて誰に何を伝えたいかを改めて確認する。そして、訴求すべき内容とデザインが正しくリンクしているか評価し、必要があれば改善する。

■店舗やパッケージが、街（周囲）に悪いイメージを与えていないこと

いくら強い印象を残すデザインでも、街の景観を壊したり、まわりの人に嫌な思いをさせるデザインではイメージダウンになる。地域に密着し、そこに住む人の生活に寄与することが、フランチャイズ・システムの本質である。フランチャイズ展開する企業が、地域の方々に悪印象を与える店舗や車両を持つようでは、成功はおぼつかない。

デザインの評価は、社内だけではなく社外アンケートも実施し、客観的に行うべきである。

また、時代の要請として、環境面への配慮がいっそう求められている。好ましいブランドイメージを形成するうえで、使用素材の検討やリサイクル・システムの構築は、今後ますます大切な要素となる。

6 本部機能の整備

加盟店増加に対応できる本部機能の整備

供給体制の現状は？

「日本じゃないみたいだな！　しかし、すごいね」

和久井達也にとっては、久しぶりにゆっくりした休日であった。

ミラノエクスプレスには、全社一斉の夏休みはない。店が年中無休のため、本社も交代制で夏休みを取っていた。宮田の方針で、できるだけきちんと休むよう奨励されていたので、社員はかなり長く夏休みを取る習慣ができていた。

和久井も例年なら、7月中に1週間くらいはどこか海外の街を歩いているはずだった。一人暮らしの彼にとって、夏休みに海外へ遊びに行くのは、それほど大きな負担ではない。

和久井は、いわゆる会社人間ではなかった。大学を卒業して、食品会社で調査担当や企画担当をやっていたが、なんとなくぎすぎすした社風が合わなくて数年で退社した。自分に合う会社はないかと何社か面接を繰り返すうち、ミラノエクスプレス社の社員募集が目にとまり、宮田社長のなんともいえない温かさに惹かれて入社したのである。自分のやりたいことを自由にやらせてもらえるのではないかという、漠然とした期待感が入社動機だった。

実際、フランチャイズ担当になるまでは、好きな企画の仕事を比較的自由にやらせてもらえ、彼としては非常に満足していた。しかし、フランチャイズ担当になったとたん、状況は一変した。

そんな和久井の忙しさを間近で見ている東田が声をかけた。

「和久井君、まだ夏休みを取っていないんだろう」

「はい。まあ、今年はそんな余裕もないと思っていますので」

和久井自身は、例年のような夏休みを取ることはすっかり諦めていた。

「忙しいのは間違いないが、ちょっと一段落した部分もあるから、来週くらいには休んでもいいよ。どこか行きたいところがあるんじゃないのか？」

「ありがとうございます。でも、仕事にきちんと区切りがついていないと、落ち着かないですから。加盟店開発に向けての準備が整ったところで、しっかり休ませていただきます。でも、この週末はゆっくりしますよ」

和久井は、職業柄ちょっとでも話題になった店があると、よくガールフレンドと2人で食べ歩いた。このところ残業続きでそれもできなかった和久井は、週末、久しぶりにガールフレンドを誘って渋谷まで出かけた。ここのところ新聞や雑誌で盛んに取り上げられているスポットであった。

「いや。本当にすごいな」

和久井は「すごい」を何回繰り返したか、わからなくなっていた。

「そうねえ。こんなにおしゃれなお店がいっぱい揃っているし、東京の街全体が見下ろせるなんてね。スクランブル交差点があんなに下に見えるわ」

「ああ。テレビなんかで紹介されていたから、だいたいの様子はわかっているつもりだったけど、百聞は一見に如かずだな」

二人は、渋谷駅前に出現した高層ビルの屋上に立ち、その眺望に驚いて一瞬足を止めた。

新名所といわれ、大人の街として新たなスタートを切った渋谷駅の新ビル群には、ミラノエクスプレスはまだ出店していなかった。ここには、日本だけではなく世界各国から注目の店が集合していた。

「よいもの、よい店に国境はなしって感じだな」

「ミラノエクスプレスは、ここには出ていないの？」

「いまのところ予定はないなぁ。でも、出せるように頑張らないとな。ここだけじゃなくて、日本中に出店していくんだから」

日本制覇を目指してスタートしたフランチャイズ担当になったことが、和久井の意識を少し変えていたのかもしれない。

いままで、ミラノエクスプレスがナショナルチェーンになるとか、グローバルチェーンを目指すといったことには、あまり興味がなかった。自分の気に入った商品やサービスが企画できれば、それで満足だった。ところが、時代の先端を行く渋谷の施設づくりに触れ、**ミラノエクスプレスをもっと大きな土俵で勝負させたいという欲が湧き上がっていた。**

久しぶりの休日を渋谷で過ごし、ゆっくり休むというよりは、かえって多くの競争相手を意識することになった和久井は、週が明けて出社すると、東田に本社近くのカフェに誘われた。

「和久井君、週明け早々からで悪いんだけど、業務スケジュールから考えると、そろそろ次のステップへ入らなければならないんだ。時間は大丈夫かい？」

「はい。たしかに大変ですが、区切りのついたものもあるので、時間は大丈夫です」

昨日の渋谷での見聞が、少し和久井を闘争的にしていた。

「部長、一日でも早くスタートできるよう、少々無理をしても問題ないです」

「へぇ、いったいどうしたんだ。先週までとは人が変わったみたいだな」

東田から見た和久井は、優秀なのだが気持ちが表に出てこない面があり、少し歯がゆかった。しかし、今日はずいぶん印象が違っていた。

「そんなことはないですよ。でも、きのう渋谷を見てきて、ちょっと感じるところがあって、早くミラノエクスプレスを５００店にして、いや１０００店でもいいですけど、日本一のチェーンにしたいと思ったんです」

「そうだな。ところが５００店でも１０００店でも。いまの体制だとすぐパンクなんだよ。そこで次のステップなんだが、店舗数が増えても大丈夫な本部体制をつくることを、君が中心になってまとめてほしいんだ。もちろん全部君一人でやるということではない。テーマによっては、各部の協力を得ながら進めてほしい」

「うちの現在の供給体制って、どの程度の規模まで想定してつくられているかわかるかい？」

デスクに戻った東田は、落ち着く間もなく、さっきの続きのつもりで和久井に声をかけた。

「部長、急に言われても、私もその分野はそんなに深く関わっていたわけではないので……企画部と営業部の物流担当に聞けば分かると思います。夕方まで待ってください」

「わかった。夕方の5時からその資料をもとに打ち合わせよう」

東田は、一日でも時間が惜しかった。フランチャイズ化に向けての業務は予定どおり進んでいる。しかし、それは伊達にスケジュールの進捗をがっちり管理され、遅れそうになると助けてもらいながらの話なのだ。

そしてここからは、実際に仕組みをつくったり、マニュアルなどの必要ツールを作成したりというかなり細かな作業や、社内外を問わずさまざまな調整を行う必要があった。

東田にとっては、いままでが全体の10%くらい、まだ90%の業務が残っているような気持ちだった。目標の期限まではもう半年程度。東田が一日も無駄にしたくない気持ちは、和久井にも十分伝わっていた。

和久井はさっそく企画部の担当者をつかまえ、原料と資材の調達の仕組みと、製品関係の生産と配送の状況について、簡単にヒアリングを受けた。その後、営業部の物流担当に、倉庫と配送ルートなどに関する現状を説明してもらった。

必要資料は、企画部と営業部のいくつかのファイルにまたがって保管されていたが、社内で使うだけなので、和久井はそのままデスクに持ち帰って調べはじめた。

ミラノエクスプレスは、自社では工場も倉庫も持っていない。宮田が商社にいたときの人脈を生かし、外部の協力工場や倉庫などをうまく活用して必要なものを無駄なく調達し、コストを抑えた仕組みをつくり上げていた。特に物流に関しては、都内に店舗が集中していたので、非常に効率のよい体制となっていた。

和久井は、午後3時半には東田との打ち合わせに必要な資料を準備し終えた。

「部長。5時からということでしたが、都合がよろしければすぐにでも始められます」

「もうできたの？　ありがとう。じゃあ4時から始めよう」

簡単な打ち合わせは、東田のデスクの隣にあるミーティングコーナーでも可能だが、内容が込み入ってくることも予想されたので、東田はミーティングルームを使うことにした。

2人のミーティングは、4時きっかりに始まった。和久井はまず自分が調べた内容をざっと説明した。

供給体制の現状について

①原料調達に関しては、産商（大手食品商社）経由で80%以上の仕入れ。

②資材については、当社オリジナルのものはジャパンプリントから100%調達。
③製品は協力工場にて生産。ジェラート・デザート類が中心。
④野菜、果物、魚介類などの生鮮品は、産商経由で地場卸が納品。
⑤倉庫は産商倉庫が温度帯別に保管。
⑥物流は産商物流が担当。原則1日1便配送。

店舗増とエリア拡大への対応

①原料調達はまったく問題なし。むしろコストダウン効果あり。
②資材についてもまったく問題なし。コストダウン効果あり。保管機能の整備が必要。
③製品については、現状の2倍程度が許容能力。それ以上は設備更新等の必要あり。
④生鮮品については、出店場所の地場卸と交渉が必要。交渉は産商が担当。
⑤倉庫については、現在の倉庫規模を現状の4倍程度まで拡大可能。近隣に同程度のものは確保可能。
⑥物流は、関東、南東北、東海エリアまでは現状の体制で可能。ただし遠隔地においては、店舗数によってコストアップの可能性あり。右記以外の地域については、配送頻度、コスト等も含めて検討の要あり。倉庫の設置と関連づけて検討する必要あり。

改善すべき供給体制の問題点

「店舗数は500店。エリアは日本全国という目安をもとに検討するとして、早急に手を打つべき点はどこだろう」

東田は和久井の説明を黙って聞いていたが、それが終わると結論を急ぐようにたずねた。

「500店と日本全国というのは、いつ頃の目標で考えればいいですか?」

「早くて5年。遅くても十年くらいでは達成したい目標だね」

「そうすると1年で100店ずつ拡大していく計算ですね?」

「単純にはいかないだろうが、最低でもそのくらいの想定は必要だと思う」

「そうしますと、次の点が最初の1年目で問題となります」

和久井は必要な条件を確認したうえで、ホワイトボードに問題点を列挙し始めた。

問題点

① 工場生産品の生産能力
② 倉庫の規模と場所
③ 関東、南東北、東海以外への物流体制
④ 資材の保管機能

「1年目で、こんなにクリアしなければいけない課題があるのか……」

東田はひと言つぶやくと、困ったようにホワイトボードを眺めながら、腕組みをして黙り込んでしまった。ミラノエクスプレスの供給体制は、店舗が増えるごとになんとか間に合わせでつくってきたという色彩が強い。原料や製品の品質も高く、コストも抑えられていたが、これほど急に多店舗化を図るつもりもなかったので、供給体制の整備という点においては、まったく手付かずといってもよかった。

「部長、なにもスタート時点から100店の供給体制ができている必要はないんです。1年目の終わりに完成していればいいのですから。実際にはいまから1年以上の余裕がありますよ。大丈夫ですよ」

和久井は、急に黙り込んだ東田を励ますように言葉をついだ。

「そうか。100店になるのは最短でも1年以上先か。だったら十分間に合うし、そんなに焦らなくてもできるよな」

もともと脳天気なところのある東田は、和久井の言葉に急に元気づけられたように、今度は楽観的になりすぎていた。

「いやぁ、ここのところ伊達先生に時間がないですよと脅かされていたので、よけい焦っているのかな」

「部長、そういうことでもないと思います。1年以上先とはいえ、いますぐ手を打つべきことも山ほどありますよ。なにしろ、このテーマはすべて他社との調整やコスト絡みですから、社内で検討して終わりというものではありません。けっこう時間がかかるという覚悟は必要だと思います」

企画担当として、他社との調整や交渉に散々手間取った経験のある和久井は、東田にはあまり楽観的になられても困ると思い、改めて警鐘を鳴らした。

「そうか。では先ほどの問題点を、いつ頃までにどの程度まで改善するか、そのためにはいつ頃からどの部門で着手すべきかを考えてみよう」

和久井は前もって問題点の改善方法も考えていたので、東田に促されると躊躇なくホワイトボードに要点を書いていった。その和久井を見ながら、思った以上に論理的で的を射た仕事の仕方ができることに、東田は感心していた。

供給体制改善テーマ

①工場の生産能力（20店が限界だが来年前半で到達）

- 対策＝他の工場を探す？　現在の工場に設備投資をしてもらう？
- 担当部門＝企画部商品企画担当

②倉庫の規模（40店が限界）

- 対策＝近隣に同様物件を確保（80店、現行エリアが限界）？　東京に集中させるか地方に分散させる？　自社倉庫を設置する？
- 担当＝営業部物流担当
- 留意点＝出店エリアとの関連

③関東、南東北、東海エリア以外への物流
・対策＝新しいルート開発、コスト対応？
・担当＝営業部物流担当
④資材の保管機能
・対策＝現行の倉庫に保管する？　印刷会社での保管を依頼する？
・担当＝企画部商品企画担当

「②と③については、出店エリアをはっきりさせないと対応できません。④についても、倉庫が分散されればその機能を利用する方法も考えられます。したがって、まず出店エリアを想定したうえで、解決方法や具体的な施策を検討する必要があります。ただ500店となると、調達から配送までトータルに担当する部門が必要ではないでしょうか」

「わかった。出店エリアについてはちゃんと議論してこなかった。もっと後でもいいと思い、放っておいたんだが、さっそく基本方針を出すよ。その方針と今日のミーティング結果をもとに、各部門の協力を仰いで具体的に取り組んでもらおう。来週の幹部会で検討するよ。組織の件も併せて提案してみる」

来週の幹部会は、下期に向けたメニュー提案などが企画部から出てくる予定で、あまり多くの時間は取れないはずだ。しかし、このテーマは、東田にとっても会社にとっても一刻を争うものである。

東田はミーティングを終えると、橘の在席を確認し、幹部会に先ほどのテーマを追加してくれるよう直接依頼した。心配するまでもなく、最初の議題に加えられることになった。橘が、フランチャイズ関連のテーマを最優先するよう宮田から指示されていたからだ。

「東田部長、もう具体的な体制づくりとは、ずいぶん順調そうですね。私の出番はまだですか？」

橘はシステム関連の責任者だったので、フランチャイズ化に際しての情報システム整備は自分の担当だと考えていた。**時期的にもそろそろ自分の出番かなと思い、ちょっとワクワクして東田を見上げた。橘は新システムの構築がなによりも好きだったのだ。**

「橘さん、期待してもらっていいよ。1～2週間のうちにはスタートすると思う。次回の伊達先生とのミーティングで、システム関連の整備について検討する予定だから。素人にはいちばんわかりくい分野なので、ぜひ協力をお願いします」

橘の言葉といい、宮田の指示といい、自分一人でやっているのではないことを、東田は改めて実感して嬉しかった。

出店エリアと出店数に即した供給体制

次の幹部会では、まず出店エリアについての方針が話し合われた。フランチャイズ展開においては、非常に重要なポイントである。宮田の要請もあり、いつものメンバーに加えて伊達も参加していた。

冒頭、東田が現時点で出店エリアの方針を明確化する必要性を説明し、和久井がまとめた方針案を提出した。

出店エリアについての考え方

①要請のあったところは日本全国どこへでも出店する。
②大阪、名古屋、博多、仙台、札幌、広島など、大都市への出店を優先的に行う。
③関東、南東北、東海を重点的に出店し、その後順次拡大していく。

フランチャイズ担当は、③→②→①の順でエリア拡大を図るよう提案する。1年目は③、2〜3年目は②、4年目以降は①の順で拡大する。


「東田部長、この案でいくとして、どんなメリットとデメリットが考えられるかな？」

「はい、社長。メリットとしては、初年度はエリアがそれほど広がらず、供給面で大がかりな体制変更が必要ないことです。2年目以降は関西に倉庫が必要になるかもしれませんが、1年以上先になるので準備期間が取れます。デメリットは、地方の加盟希望者を待たせることになり、出店数の確保がやや困難になるかもしれないことです」

「伊達先生、東田が言った点以外になにかお気づきのことはありますか」

「東田部長がおっしゃった点はそのとおりです。さらに付け加えるなら、メリットとしては、当初はスーパーバイザーの移動を最小限に抑えられること。広告宣伝や加盟店開発説明会も、エリアを限定すれば効率を上げられます。一方、デメリットは、出店スピードや知名度アップに遅れが出ることが想定されます」

「他のみなさんからの質問と意見はありますか？」

宮田のひと言で、さまざまな意見が交わされ始めた。議論が行き詰まると伊達が道筋をつけるように助言を行い、ようやく出店エリアと出店数についての基本方針が決められた。

出店エリアと出店数の基本方針

- 目標出店数＝500店
- エリア＝日本全国（海外については将来別途検討）
- 目標達成最終年度＝8年目
- 年度別出店エリアおよび出店数内訳
  - 1年目＝関東、南東北、東海エリア（30店）
  - 2年目＝同上＋名古屋、大阪周辺エリア（60店）
  - 3年目＝本州全域（日本海側の一部は除く）（80店）
  - 4年目＝本州全域、北海道、九州、四国の都市圏（100店）
  - 5年目＝全国（100店）
  - 6年目＝全国（50店）
  - 7年目＝全国（40店）

- 8年目＝全国（40店）
- 出店エリア、出店数は毎年の実績と社会環境の変化を勘案し、見直すものとする。
- 出店エリアについては大まかな規定であり、実際はその時点での供給体制、運営体制に基づいて判断する。

「以上の基本方針に基づいて出店していくということで、よろしいですか」

東田がたずねると、宮田が最後に結論づけるよう指示をした。

「いいでしょう。この目標と方針に基づいて計画を進めてください。同様に供給体制も具体的な整備作業に入ること。東田部長のところだけでは対応できないので、企画と営業で協力して当面の体制をつくり上げてください。河本部長、小林部長お願いします。専任の組織については、実際に動き出す来春に設置を考えます。具体的な作業については、東田部長が責任を持ってコントロールしてください。計画、進捗はそのつど報告してください。では、よろしくお願いします」

幹部会終了後、出店エリアと出店数の基本方針に基づいて、供給体制整備に向けた具体的な計画案が、和久井の手で作成された。実作業については、企画部と営業部の担当者がそれぞれ分担し、和久井が全体の進捗を管理することになった。

初年度は、現行体制で対応できるので、それほど大がかりな変更は必要なかった。しかし、2年目の年間60店という出店数を考えると、すぐにでも手を打たなければならないことは山ほどあった。

「違う部署の担当者をまとめながら、これだけのことを進めるのかと思うと気が遠くなりますよ」

和久井は、計画を東田に説明しながら少し愚痴っぽく付け加えた。前向きな和久井が、また以前の姿に戻ってしまったかに見えたが、それは東田の杞憂だった。和久井は、企画と営業の担当者を驚くほどの巧みさでやる気にさせ、どんどん作業をこなしていったのである。

ミラノエクスプレスは和久井という乗員を加え、ようやく本格的な車両整備に突入した。

フランチャイズの死命を決する情報（IT）システム

「風が変わった……」

久しぶりになにも予定のない日曜日。目が覚めたのはもうかなり日が高い時刻だった。銀座から自転車で10分もかからない高層マンション。そのベランダに出た橘は、空気の透明感が増しているのに気づいた。遠くに見える東京湾には貨物船が停泊し、のんびりした様子を漂わせている。

「今年の夏は暑かったけど、いつの間にか秋なのね。そういえば、こんなにのんびりできる日曜日も久しぶりだわ」

橘は、自分が仕事ばかりの日々を送っていることに、ちょっと淋しくなった。

「でも、社長の夢は私の夢！　その夢を実現するためにミラノエクスプレスに入ったんだから」

宮田には年齢の割に少し子どもっぽい感性があり、常に前向きで夢を語り出すと止まらない。そんな彼に惹かれて入社した橘は、仕事がきついとかイヤだと思ったことは一度もなかった。

彼女は情報システム課長と社長秘書を兼ねていたため、日中は主に秘書業務、夜と休日はシステム関連業務とフル回転していた。周囲から見ると、いったいいつ休んでいるんだろうと思うほどの働きぶりである。

しかし、本人はどちらの仕事も好きだったし、途中で投げ出せない性格のせいで、まわりに思われているほどハードワークだとは感じていなかった。

「そう言えばこの前、東田部長が、そろそろフランチャイズ展開に向けた情報（ＩＴ）システムづくりに本格的に取り組むって言ってたけど、ようやく私の出番かな」

フランチャイズ化が決まったとき、宮田からシステムは任せると言われていた。また先週のフランチャイズ・ミーティングでも、５００店体制に向けた情報ネットワークの構築について、橘に全権委任するという話が決まっていたのである。

東田も和久井も、この分野にはそれほど詳しくない。しかしフランチャイズ担当としては、どんな業務をコンピュータ・システムに組み込み、どういった情報をどんな手順で収集・分析していくのかといった基本方針をまとめる必要があった。

そこで、業界最先端のシステムで有名な大手コンビニやファミリーレストランの情報を収集し、自分たちで基本方針をつくろうと考えた。

ところが、２人でいくら検討しても一向に進展しない。すっかり時間を浪費してしまった。

「和久井君。われわれだけでは一向にラチがあかないね」

「そうですね。やはり素人では限界がありますよ。われわれはサポート部隊に徹して橘さんにお願いしましょうよ」

和久井は橘の方が年下ということもあり、入社当時は彼女をあまり認めたくない気分だった。だが、実際に日常の仕事ぶりを見ていると、とてもかなわないと感じていた。東田もシステム構築と業務改善で目を見張るような成果を上げている彼女に、今回の業務を任せることにはなんら抵抗がなかった。

こうして東田と和久井に橘、さらに伊達を加えた4人で、情報システム化の基本方針をつくるプロジェクトチームが発足した。進行役は橘である。

橘にとっては久しぶりの大仕事だった。ミラノエクスプレス社のコンピュータ・システムは、すべて彼女がつくり上げたといっても過言ではない。

創業から数年しか経っていないミラノエクスプレス社には、過去のしがらみや因習はほとんどなかった。仕事の仕方や仕組みには、幹部たちが以前在籍した会社の習慣や考え方を少しずつ持ち寄っていた。だが、なかには、スピードの速い現在の経営にはふさわしくないものも含まれていた。

橘は、そんな古くて使い物にならない仕組みを払拭し、柔軟で将来を見据えたシステムの構築に大きな手腕を発揮したのである。

とはいえ、今回は500店のネットワークを前提にしたシステム構築である。橘にもこれだけ大がかりなものを手がけた経験はない。社内における数十台規模のパソコンLAN構築やデータベース設計とは桁が違う。

そこで橘は、**フランチャイズ化の話が持ち上がって以降、各種セミナーに参加して他社事例を勉強したり、各メーカーからハード情報を収集するといった準備を独自に始めていた。**

システム構築のプロセスは、概要設計→基本設計→詳細設計→テスト→運用となる。主導権を任された橘は、さっそく伊達と相談しながらプロセスをスケジュール化し、プロジェクト管理のためのガントチャートとPERT図を作成した。

社内で検討すべきもっとも重要なプロセスは、概要設計である。**目的や機能を明確化せずにつくられたシステムは長生きできない。**日々進歩するコンピュータの技術と変動する経営環境のもとでは、ようやくシステムが完成しても、運用が始まったときには、すでに時代遅れになってしまうことさえありうる。

フランチャイズ・システムの根幹を担う情報システムは、加盟店が増えてから入れ替えるわけにはいかない。そして、本部、店舗、取引先など、立場の異なるユーザーすべてに利点のあるシステムをつくる必要がある。

まずは現状を分析し、ER図（実体関連モデル図）やデータ・フロー図などを作成し、新しく生まれるフランチャイズ・システムにおける情報流通を目に見える形で表現しなければならない。やりがいとともに責任の大きさをひしひしと感じながら、橘は概要設計で検討すべき項目をリストアップした。

1 基本概要

①目的

②現状分析

・現行システムの問題点の抽出

③適用範囲

④システムの概要

⑤実現性の検討と修正

・移行に関する課題の抽出

・システム導入に伴う組織の検討

・開発に向けた体制整備とスケジュール化

2 運用／保守に関する基本概要

①運用の概要

・運用形態

・運用方法

・性能条件

②保守の概要

- システムの拡張性
- システムの保守性

3 システム構成と機能

①ハードウェア構成
②ソフトウエア構成
③機能構成
④機能仕様

4 セキュリティ対策

①業務面での対策
②システム上の対策

5 費用概算

運用／保守の概要やシステム構成については、システムベンダーやソフトメーカー、ハードメーカーなどを交えた専門的な議論となる。したがってここでは「500店のチェーンとしてシステムにどんな目的を持たせるのか」という最も大切な基本概要に議論は絞られた。

情報システムの基本概要を決める

システムは、企業目的を達成するための手段である。そこを勘違いしてシステム構築そのものを目的としてしまって失敗する場合が多い。いくつかの企業でそうした失敗例を見てきた伊達は、システム構築の目的やその必要性など、基本的な議論を徹底することを要求した。

何回かのミーティングを経て、システム構築のための基本概要は次のようにまとめられた。

ミラノエクスプレスのシステム（ＭＥＸシステム）構築基本概要

①目的

・迅速かつ一元化された情報流通で経営合理化と顧客満足の向上を実現
・経営意思決定のスピードアップ
・受注の一元化による物流コストの削減
・顧客情報管理の精度アップによる顧客満足の向上
・商品開発サイクルの短縮化

②適用範囲

・受発注、請求関連から決算処理まで連動した財務会計分野
・経営判断のための管理会計分野
・顧客、商品情報を中心としたマーケティング情報分野

・コミュニケーションツールとしての通信分野

③ システム概要

・できるだけ既存構成を利用
・追加構成については、安定性・将来性・コストを重視

④ 導入スケジュール

・来年5月までに直営店全店導入
・フランチャイズ加盟店は1号店から導入。全システムの完成目標は来年度末

以上の方針に基づいて、具体的なシステム構築に向けた新プロジェクトがスタートしたのは10月の半ばであった。

プロジェクトリーダーは橘。東田はオブザーバーとしてミーティング等に出席することはあったが、専門用語が飛び交う業者たちの議論には入っていけなかった。

橘はメーカーやソフト開発会社の担当者とのひっきりなしの打ち合わせで、いままでとは比べものにならないくらい忙しかった。それにもかかわらず、宮田の秘書業務もそつなくこなしていた。

「橘さん、よく頑張っているね。秘書の仕事は当面誰かに代わってもらってもいいよ」などと、宮田が橘の忙しさを気遣う場面もあったが、

「ご心配をおかけして申し訳ありません。でも大丈夫です、フランチャイズ展開に向けて少しは参加気分を味わいたいですから。それに、わからないことが多いため手間取って忙しく見えるだけで

す。年を越せばひと息つけると思います」

宮田の気遣いに恐縮しながらも、それが嬉しくて、またやる気がわいてくる橘だった。

ミラノエクスプレス社のよさは、**みんなが互いを気遣いながらも甘い体質になっていない**点だった。**若くして大きな仕事を与えられるという充実感と、成長企業特有の勢いや明るさに満ちていることが、さらに企業の成長を生み出していた。**

橘の活躍と伊達のバックアップによって、システムの構築はスケジュールどおりに進んでいった。橘が予想したように、年が明けた頃にはソフト開発の目処も立ち、一部店舗では5月導入に向けた運用テストが始められるところまでこぎつけた。

加盟店オープニングサポート・システムの構築

橘がシステム開発に奮闘していた頃、東田は別のテーマで頭を悩ませていた。以前の幹部会で出店目標数は決定していたが、過去5年間で10店しか出店していない企業が、急に年間30店も出店しなければならないのだ。2年後には年間60店を達成する必要がある。東田にとって、まだ年間50店という数は現実のものとは感じられなかった。

このところ和久井は、供給体制の整備に向けた業者との打ち合わせでほとんど在席していない。必然的に、東田はデスクの前で一人頭を悩ませることが多くなっていた。東田はじっくり計画を練ってから実施していくタイプではない。誰かの意見を聞いたり、話の中からヒントを得て仕事を進めるタイプだ。ところが、最近は話しかける相手もおらず、一人で堂々巡りをしていた。

「30店のオーナーを見つけるということも大変かもしれないが、実際にオープンするとなると、月間2~3店というペースになる。いまのやり方で、毎月2~3店のオープンなんてできるのか?」

そんなことが頭から離れずにいたある日、和久井が珍しくデスクに座ってぼんやり考えごとをしていた。東田はやっとつかまえたと思いながらも、そんな素振りは見せず、斜め前に座っている和久井に声をかけた。

「和久井君、ちょと時間ある? 銀座店へでも行かないか?」

「はい。なにか久しぶりですね、部長。報告したいこともありますから行きましょう」

2人は、いつも歩く桜並木の歩道ではなく、本社裏側にある柳並木の歩道を歩いた。銀座のそれほど高くないビルも、少し西に傾いた秋の陽射しを受けて長い影を歩道に落としていた。街行く人の装いも、ここ1週間くらいで変わってきていた。

銀座店のいちばん奥の席に座った東田は、和久井が2人分のエスプレッソコーヒーを持ってくるのを眺めながら、この店のオープンを思い出していた。

東田は大学卒業後勤めていた会社を辞め、シンガポールで2年ほど働いた後、アルバイトとして銀座店のオープンに関わったのだ。

ミラノエクスプレスの第1号店である銀座店は、オープン初日からトラブル続きだった。立地のよさも手伝い、客数は予想以上だったが、オペレーションに関しては目を覆うばかりだった。しかし、社長以下全員が毎日店に張り付いて反省と改善を繰り返し、ようやく1カ月くらい経ってなんとか格好がついてきたのだ。その後、東田は社員となり、現在の直営店がオープンするときは、どこでもいつも中心的な役割を担ってきた。

ミラノエクスプレスは、オープンの前後1カ月間は、本部の担当者だけでなく既存直営店からの応援体制を組んでいた。3号店以降は、必ず既存店の店長が新店舗を任されていた。つまり、これまでのミラノエクスプレスのオープンは、多くの経験者がかなり長期間携わって成功させてきたのである。

ところが、フランチャイズ加盟店の場合はそうはいかない。**店長も素人、本部からの応援にも限界がある。いままでそんなオープンはしたことがないし、できるかと聞かれても自信がない、**というのが東田の本音だった。


「部長、どうぞ」

和久井がエスプレッソを東田の前に置いた。

「ありがとう。ところで和久井君、君はミラノエクスプレスのオープンに関わったことはあるの」

銀座店に和久井を誘った時点で、東田はここ数日の自分の悩みをぶつけてみようという気持ちになっていた。東田と違い、和久井は企画スタッフとしての経験が長い。まったく違う感性で考えられるのでは、という期待もあった。

「はい、お茶の水店のオープンのときは店にいました。部長もおられたじゃないですか。お忘れですか？」

「ごめんごめん、何店もオープンしたのでよく覚えてないんだ。でも、それならオープンについてはわかっているね。細かい点は省くけど、ミラノエクスプレスを素人店長のもとで毎月2～3店オープンさせることが可能だと思うかい？」

エスプレッソに少し口をつけた和久井は、ちょっと考えてから東田のほうを見て答えた。

「大丈夫でしょう。たしかにいままでのやり方では無理だと思います。でも、いくつかの条件を設定すれば、不可能ではないと思います。部長もご存知のように、年間300店という出店をこなす本部もあるのですから。ただ、ミラノエクスプレスとしてどんな条件や前提が必要かは、明確にしておく必要がありますね」

「たしかにそうした条件は必要だけど、どこかで実際に検証してみないと確信は持てないよな」

東田は、現場での経験が長かったため、店舗業務のことになると、必要以上に慎重になる。反対に和久井はスタッフ経験が長く、ある一定の仕組みと教育を徹底すれば現場は動くはずだという信念のようなものを持っていた。

どちらも正しいのだが、**結局はどこでバランスを取るか**ということであった。このテーマについては、和久井のほうが現状に即していた。

「たしかに検証する必要はあると思います。でも、悩むだけじゃ解決しません。いつもの部長らしくないですよ。とにかく、どうすればできるかを検討して、オープンのためのシステムをつくり上げましょう。伊達先生も他社の事例をお持ちでしょうから、意見を伺って私が原案をつくります。最終チェックは部長がしてください。1週間くらいで叩き台をつくって2週間後に完成というスケジュールでどうですか？」

「うん、それでやってくれるのなら頼むよ。必要な資料は営業部にあるので、小林部長に協力を依頼しておく」

東田は、和久井がここ数カ月ですっかりフランチャイズ担当として成長したことに感心していた。秋風のせいで気弱になったわけではないが、強気で楽天家の東田は、お株をすっかり和久井に奪われた形だった。

「よし、頑張ってやるか！」

残ったエスプレッソを飲み干し、自分に言い聞かせるように東田は立ち上がった。


宣言通り、1週間後に和久井は「ミラノエクスプレス・オープニングサポート・システム」の原案をつくり上げた。和久井は、初年度の年間30店を達成するために、まず現行人員で月に3店舗をオープンさせる目標を設定し、どの程度の応援体制を敷けばクリアできるかを試算した。

「直営から1名、本部から1名程度なら、応援に出てもそれほど負担にはならない。店のオペレーションもキッチンとホールに分ければ各1名の指導で十分だ。そうすると、1週間のうち5日間、常時2名が応援に行く体制をつくれば、目標ペースのオープンが可能となる。これをベースに人員の手配さえ調整すれば、2～3店同時オープンだって無理ではない」

和久井は、直営店のオペレーションを思い起こしながら、自分が応援に行った場合、どのくらいで順調に立ち上げられるかを想定し、以下のような目標設定を行った。

● 開店時応援については2名×5日間を基本とする。
● 開店までの業務分担や研修については、次の条件で行える体制を整備する。
・店長教育の徹底（現行直営店店長の最低ランクに到達するレベルまで育成）。
・従業員教育の徹底（必要人員全員に研修を履修、合格させる）。
・店舗内外装の設計から施工業務を標準化し、発注業務を定型化する。
・什器・備品の調達を一元化し、発注から納品までの手配を簡素化する。
・販促計画を標準化し、ツール手配を一元化する。
・開業前スケジュールと実施手順を標準化し、担当者が業務進捗を一元的に管理する。

「ミラノエクスプレス・オープニングサポート・システム」は、業務手順の標準化と一元化、人材の早期育成を実現させることで稼動する。その結果、経験者2名が5日間支援するだけでオープンが可能となるのである。このシステムであれば、いまの組織でも十分に対応可能なレベルだった。

東田は和久井からの報告を受けると、ここ数週間の悩みが一気に解消されたような気分になった。

「よし、さっそくその条件整備に入ろう。和久井君、各担当部門と調整して、具体的なスケジュールと責任者の選定を行ってくれるかな」

「わかりました。企画、営業、人事・教育の各部門にまたがりますので、この原案をもとに部長から幹部会に協力要請していただけますか」

「OK。幹部会には来週説明するよ。まずは担当者の候補者選定だけしておいてよ」

次の幹部会では、オープニングサポート・システムの概要と条件整備に向けた協力依頼が異論なく了承され、和久井が選定した各担当者を集めて「ミラノエクスプレス・オープニングサポート・システム構築プロジェクト」が発足した。

プロジェクトの実質的な責任者は和久井。彼が全体の進捗管理を行い、来年3月までに完全な形でスタートできるよう業務を進めることも了承された。

幹部会を終えてデスクに戻った東田は、悩みの種が解消されたので、いつにも増して陽気だった。

「毎週でも、毎日でも、全国どこかでミラノエクスプレスがオープンしてる！」

鼻歌のように繰り返す東田を見て、

「部長、大丈夫ですか？」

と和久井がからかった。

「いやぁ、君のおかげでうまくいきそうだよ。ありがとう」

「それはなによりです。でも、本当にシステムをつくるのはこれからです。頑張りますよ」

スーパーバイザーの役割

「おお進、どうしたの？　珍しいじゃない」

「あっ、社長。お疲れ様です。この近くであったセミナーの帰りなんですが、最近は銀座店以外、すっかりご無沙汰なので寄ってみたんです」

ミラノエクスプレスの青山店で、宮田と東田進はバッタリ顔を合わせた。

「どう、コーヒーでも？」

2人はコーヒーを頼むと空いた席に落ち着いた。

「順調に進んでいるみたいだね。今日は何のセミナーだったの？」

「はい、人材育成というテーマで、伊達先生から紹介されたんです。いやぁ、参考になりました。**組織やシステムをつくっても動かすのは人ですからね**。フランチャイズ展開においても、やはり人材育成が非常に重要なポイントになりそうです」

「そうだね。『企業は人なり』と言われるように、人材育成は企業にとって最重要課題といえるだろうな。ところで、その点もそろそろ何か考えているのかな？　この前、伊達先生と話したときにもそんな話が出てたようだけど」

「いえ、まだまったく手つかずです。のんびりしていられないことはよくわかっています」

「そうだね。渡辺部長には僕から話しておくから協力して進めてよ」

「はい、ありがとうございます」

まわりのテーブルが埋まり始めたのを見て、2人は席を立った。

「東田部長、スーパーバイザーとはどんな役割を果たす人かわかりますか？」

伊達が、ミーティングの場で急に東田にたずねたのは、本社前の桜が葉を落とす季節になった頃だった。

「たしか英語では監督者を意味しています。フランチャイズ・チェーンでは、もう少し広い意味で、**加盟店に対する指導、監督、支援などを担う本部スタッフ**を指す言葉です」

「そのとおり。予定どおり来年3月に加盟店募集を開始すると、早ければ6月頃にはオープンする店が出てきます。その時点でスーパーバイザーが必要となります。つまり、それまでに、最低1人のスーパーバイザーを育成しておく必要があるのです」

現在のミラノエクスプレス社には、スーパーバイザーはいなかった。店舗運営の責任者は店長であり、本部スタッフが各店舗を担当して指導、監督するような機能はなかった。

しかし、**フランチャイズ本部には、加盟店が本部方針に基づいて正しい運営を行うよう指導、監督する機能が不可欠である。**ミラノエクスプレスでも、当然スーパーバイザー制度を導入しなければならなかった。

「わかりました。以前先生から教えていただいた内容に沿って、わが社に合ったスーパーバイザー制度を考えてみます」

プロジェクトミーティングを終えた東田は、伊達から学んだスーパーバイザーの機能を再度整理し、自社に適した制度を和久井と検討した。その結果まとまったのが、以下の「ミラノエクスプレス・スーパーバイザー・システム」である。

ミラノエクスプレス・スーパーバイザー・システム概要

- 名称＝ミラノエクスプレス・スーパーバイザー・システム。

・目的＝加盟店が本部方針に則って正しい運営を行い、結果として永続的に繁栄することを目指す。
・意味＝加盟店の運営が本部方針に沿って正しく行われるよう、適正な指導、助言、支援、管理を行うための本部における仕組みを指す。
・求められる機能＝コンサルティング機能、カウンセリング機能、コミュニケーション機能、コーディネーション機能、コントロール機能、プロモーション機能。
・人材育成＝伊達先生主宰のスーパーバイザー・スクールを社内に設置し、その運営を通じて実施。
・組織＝統括マネジャー＝スーパーバイザー全体を統括し、加盟店全体の運営に責任を持つ。
　エリアマネジャー＝エリアを統括し、エリア内の加盟店運営に責任を持つ。
　スーパーバイザー＝加盟店を直接担当し、担当加盟店の運営に責任を持つ。
・エリアについては、50店程度を目安に設定を行う。
・スーパーバイザーの担当店舗数は平均10店を目安に設定する。
・スーパーバイザーの巡回は最低月2回行う。
・巡回時の業務標準は、スーパーバイザー業務マニュアルに基づく。
・スーパーバイザーの資格要件は、直営店店長経験者、もしくは本部スタッフ経験2年以上の者で、幹部会の承認を得た者とする。ただし、スーパーバイザー・スクールの受講を義務づける。

・各マネジャーについては、スーパーバイザー経験者か本部管理職以上の者で、幹部会の承認を得た者とする。ただし、スーパーバイザー・スクールの受講を義務づける。

スーパーバイザーの資格要件や研修システムについて、人事・教育担当の渡辺部長からいくつか質問や要望が出された。だが結果的には、原案通り進めることで幹部会で了承された。

しかし、システムの概要はまとまっても、実際にスーパーバイザーが活動するためには、準備すべきことが山ほどあった。スーパーバイザー業務マニュアルとスクールのカリキュラムはスタートまでには完成させておかなければならない。

スーパーバイザーの適性

幹部会での承認後、東田はさっそく、和久井にスーパーバイザー業務マニュアルを作成するよう指示した。店舗実務から離れている和久井だけでは内容を詰め切れないので、直営店の店長2名と伊達をアドバイザーとして加え、作業部会はスタートした。東田としては、2名の店長を将来のスーパーバイザー候補としても考えていた。

一方、スーパーバイザー・スクールの設置に関しては、社内のメンバーでは手に負えない。伊達に一任する形でカリキュラム作成を依頼した。実際の研修スタートは来春の加盟店募集開始の前後になるが、カリキュラムとともにテキストや講師についても考えておく必要があった。

初年度30店がオープンするとして、1年間で最低でも3～5名のスーパーバイザーを育成する必要がある。東田と和久井は、スーパーバイザーの人選について話題にした。

「あと3～4カ月で準備を完了し、人選を済ませないといけないな。春には最低2名くらいはメンバーを揃えておく必要があるだろう。和久井君は誰が適任者だと思う？　本部、店舗どこからでもいいんだけれど」

「そうですね……」

和久井は、目を宙に泳がしながら少し考えて、

「私が立候補しましょうか。営業経験がちょっと不足気味ですが、この前のスーパーバイザーの要件からすると結構適任だとは思いますが」

「考えておくよ。でも君以外にはいないかな？　広く考えておきたいからね」

ここ数カ月の和久井の活躍に接し、東田は、彼をフランチャイズ本部の企画部門責任者にしようと考えていた。スーパーバイザーについては、営業部長時代の部下の顔を何人か思い浮かべていた。

「適性についても伊達先生に確認しておかないとな。和久井君、すぐに先生からスーパーバイザーの適性を測るチェック項目を聞いてくれないか」

「はい。さっそく手配します」

和久井が伊達のオフィスに連絡すると、すぐにチェックリストが送られてきた（**図表6-1参照**）。

東田は、各項目を確認しながら、自分だったらどうかなとチェックしてみた。

「**こりゃ大変だ。スーパーバイザーっていうのはスーパーマンみたいなものだよ。**和久井君。君も自分で当てはまるかチェックしてみてよ」

図表 6-1 スーパーバイザー適性チェックリスト

求められる機能	チェックポイント	
コンサルティング	1	自社の事業の差別化されたノウハウを正しく説明できますか?
	2	問題が起こったときにその原因を分析するのが得意ですか?
	3	自分がほしい情報を短期間で手に入れることができますか?
	4	損益計算書を自分で作成できますか?
	5	実際に担当の事業を運営したことがありますか?
	6	新しいマネジメント手法とマーケティング手法に興味がありますか?
カウンセリング	7	人から頼まれると気軽に相談に応じるほうですか?
	8	相手があなたに何を期待しているのかがよく分かりますか?
	9	まわりの人を勇気づけるような言動が多いですか?
	10	部下を頻繁に褒めるほうですか?
	11	まわりの人と家族のことやプライベートなこともよく話をしますか?
	12	常に相手の長所を探そうと努力していますか?
コミュニケーション	13	いつも明るく大きな声で挨拶をしていますか?
	14	人の話を必ず最後まで聞こうとしていますか?
	15	人が話しているとき、言葉以外の表情や態度からも多くのことが読み取れますか?
	16	自分の言っていることが理解されているかどうか常に気にしますか?
	17	相手が話しているとき、よく相づちを打ちますか?
	18	話をする前に自分の考えを必ず整理しますか?
コーディネーション	19	社内の組織や業務分担に精通していますか?
	20	社内の人々から信頼されていますか?
	21	業務を進めるにあたり、周囲の協力を得るのが得意ですか?
	22	新しいことを始める場合も、周囲の理解を得やすいほうですか?
	23	時間や約束はどんなことがあっても守りますか?
	24	報・連・相を徹底できていますか?
コントロール	25	仕事を依頼したとき、必ずその進捗を確認しますか?
	26	仕事の目的や納期を常に明確にして仕事を依頼していますか?
	27	担当事業の業務フローについて正しい知識を持っていますか?
	28	時間や約束には厳しいと思われていますか?
	29	自分の行動計画を1カ月単位で立てていますか?
	30	まわりが報告しやすい雰囲気を心がけていますか?
プロモーション	31	マーケティング活動を積極的に提案するのが好きですか?
	32	部下がやる気を出すためのイベントなどをよく実施しますか?
	33	業界外のことでも世の中の動きに敏感なほうですか?
	34	お客様と直接接することが好きですか?
	35	社内イベントの幹事などをよく引き受けるほうですか?
	36	自分の夢を語れますか?

東田からチェックリストを受け取った和久井は、各項目を自分に当てはめて考えていたが、

「部長、これを完璧にクリアできるのは、社長くらいじゃないですか？」

「そうだな。以前伊達先生も、フランチャイズ本部における**最高のスーパーバイザーは社長自身**である。したがって、**いかに多くの社長をつくるかが、スーパーバイザー制度を成功させる鍵**だと言われていたのを思い出したよ」

「やっぱり私は候補からはずしていただいて結構です。スーパーマンにはなれそうもありませんから」

「わかったよ。人選についてはゆっくり考えよう」

東田は、苦笑しながら答えた。

6 成功へのステップ 本部機能の整備

将来の加盟店増加に対応して、本部機能を先行的・計画的に整備することは、フランチャイズ成功に向けた大きなステップである。

直営店を年に数店出していく程度なら、本部機能は積み上げスタイルで整備していけば十分だ。しかし、フランチャイズ展開で何十~何百と加盟店が増えていく場合はそうはいかない。特に、加盟店が開業と同時に通常の営業を行うために必要な本部機能は、先行的に整備を進めておかなければならない。

商品や原料・資材などの供給システム、受発注および経理処理、さらにコミュニケーションツールとしての情報（ＩＴ）システム、開店に向けた本部支援体制および開業後のスーパーバイジング・システムが、加盟店立ち上げまでの本部機能として最低限必要となる。

供給システムの整備

どんな事業であれ、フランチャイズ・チェーンの場合は、本部から加盟店に対してなんらかの「もの」が供給される。その「もの」を効率よく、トラブルなく、継続的に供給できるシステムの整備が、本部機能の第一歩となる。

供給システム整備のステップは次のとおりである。

①最終的に目指す規模を設定
②最終的に展開するエリアを設定
③規模と展開するエリアに対応して、中長期の具体的な拡大目標を設定
④本部から供給する「もの」を設定
⑤受発注のタイミングと供給頻度を設定
⑥供給（製造・保管、物流）に関して利用する施設・組織を選定（社内外問わず）

供給システム構築に関しては、本部収益に直結する場合もあるので、コストに対応したエリアごとの最低必要規模を算定し、加盟店開発計画に反映させることも必要だ。

情報システム

情報システムは、経営を迅速化するための最適ツールであり、フランチャイズ・システムにとって必要不可欠なものだ。最近では、「フランチャイズ・システム＝情報ネットワーク」といわれるほど重視されている。大手コンビニを筆頭として、成功を収めているフランチャイズ本部の多くで、非常に進んだ情報システムが構築されている。

しかし、情報システムの開発には多大な費用と時間が必要だ。また、外部に任せきりにすると、使いものにならないものができることも多い。

情報システム構築を成功させるポイントは、次のとおりである。

❶システムの目的を明確にする

目的を明確にすることで、適用範囲が広がりすぎたり、不要な追加要望が出ることを防げる。

❷システムの適用範囲を決める

目的に沿って、どの分野に適用させるかを明確にする。適用範囲はハードのコストや人件費も勘案して検討する。

❸導入スケジュールを明確にする

システムの途中変更や社内コンセンサスの遅れ、開発者の能力不足などでスケジュールがずれ込むことは多い。しかし、これは加盟店拡大に大きな影響を与えかねない。システム開発リーダーは、スケジュール管理を最大の役割と心得てほしい。

オープニングサポート・システム

フランチャイズ加盟店の責任者には、通常その事業の経験がない。いくら事前に研修を受けても、本部の支援がなければ開業は不可能だ。そこで、トラブルのないオープンを効率よくサポートできる以下のようなシステムが必要となる。

- 責任者・従業員の必要レベルへの到達を義務づけるオープン前研修の徹底
- 店舗（事業所）の設計から施工に関する業務の標準化と発注業務の定型化
- 什器・備品の調達一元化と発注から納品までの標準化
- 広告宣伝、販促計画の標準化と実施手配の一元化
- 商品、材料、資材などの発注と陳列等の標準化
- 開業前スケジュールと実施手順の標準化、および本部担当者の明確化
- 業務進捗の一元管理体制の構築
- 開業時の本部応援業務の標準化
- 開業目標数に基づく本部応援人員のリストアップ

オープニングサポート・システムを順調に稼働させるには、事前研修の整備と開業前・開業時の業務標準を明確化することが前提となる。

スーパーバイジング・システム

スーパーバイザーとは、加盟店と本部の永続的な繁栄を目的として、加盟店が本部方針に沿って正しく運営されるよう、適切な指導、助言、支援、管理を行う本部スタッフを指す。

その役割は多岐にわたるが、主な機能は次の６つ（５Ｃ＋Ｐ）である。

- コンサルティング機能
- カウンセリング機能
- コミュニケーション機能
- コーディネーション機能
- コントロール機能
- プロモーション機能

本部を代表して加盟店と接するパイプ役であることから、本部組織と実際の店舗・事業所業務に精通している人材が最適である。

7 フランチャイズは「人づくり」が命

人材教育の重要性

店長・店員教育の重要性

「東田部長、少し時間あるかい？」

社長の宮田が、珍しく時間を持て余したように、東田のデスクまで来て話しかけた。

「はい、社長。少し行き詰まったので、ちょうど気分転換しようと思っていたんです」

「何に行き詰まってるの？　珍しいじゃないか」

「いえ、いつも行き詰まってはまわりに助けられてるんです。しかし、こう経験のないテーマばかりが続くとさすがに参りますね」

「今度は何で悩んでいるの？」

「はい、ミラノエクスプレスはチェーン店として営業するわけですから、どこへ行っても同じイメージの店舗、商品、サービスというのは当然です。しかし、そこに地域密着型の営業が加わって、初めて繁盛店になると伊達先生の研修で教えていただいたんです」

「そのとおり。現在ある直営10店舗も、同じイメージで営業してはいるけれど、最も大切なのは、多くの固定客をつくり、地域に密着した営業活動をすることだからね」

「となると、日常、店舗を運営するメンバー、特に店長の役割が非常に大きいと思うのです。いままでは直営店でしたから、OJTで何カ月かかけて育成していけば、それなりのレベルに育てることは可能でした。しかしフランチャイズの場合、限られた期間で一気にレベルアップさせる必要があると思うのです。でも、現在のわが社には、そうした仕組みがありません」

「うーん、そうだね。**フランチャイズ・ビジネスは教育産業の側面を持つ**と伊達先生がおっしゃっていた。教育システムがしっかりしていないと本部は成功しないそうだ」

「店長をはじめ店舗クルーの役割は重大です。その役割を完全に遂行してもらえる仕組みがないと、われわれが求める運営が不可能になってしまいます」

「何を整備すればできるようになるのかな」

「そうですね。**店長や店舗クルーの業務を明確にしたうえで、業務を完全遂行できるように教育するシステムやマニュアルが必要**でしょう」

「東田部長、わかってるじゃないか。いま言ったことをやれば悩みは解決だよ」

「えっ、あっ、そうですね……でも社長、そんなに簡単でもないですよ」

「簡単にはいかないだろうが、これまでも乗り越えてきたんだ。そのジャンルのわが社の専門家、渡辺部長に相談してみたら？　彼には以前から教育システムをブラッシュアップするよう言ってあるので、そんなに時間はかからないと思うよ」

「ありがとうございます。気持ちがすっきりしました。やっぱり社長にご相談するのが、いちばんの近道ですね」

「そんなに誉めても何も出ないよ。おっと、そういえば俺はその件で来たんじゃなかった。東田部長、いまの件は早急にまとめてもらうとして、そろそろ来年度の経営計画を検討する時期が来ているので、フランチャイズ本部としての大体の収支予測を出してほしいんだ」

「えっ、もうそんな時期ですか？」

「来期はフランチャイズ本部が本格的に立ち上がるので、いつもより早めに計画を検討したいんだ。先行投資的な資金も必要になるので、年内に基本方針をまとめて2月には最終計画を作成しようと思っている。もう今年も1カ月しか残っていないんだから。本当にあっという間だけどね」

「わかりました。さっそくまとめて報告します」

「うん、頼むよ。あまり悩まないで、いくらでも相談に来ていいからね」

宮田はさっきの悩んだ東田の顔を思い出し、最後に一声かけて社長室へ向かった。

「もうそんな時期か。人の都合も知らないでどんどん時間が過ぎて行くなぁ。だが、まずは店長や店舗クルーの教育の件を片づけてしまわないと」

東田はそう言いながら、デスクに座り直した。経営計画検討のための収支試算の原案は、和久井に作成してもらおうと考えていた。

店長業務マニュアルの作成

ミラノエクスプレスには、まとまった店長業務マニュアルはなかった。ただ、宮田が創業時につくった店長心得が、バイブルのような存在として読み継がれていた。

ミラノエクスプレス店長心得

①店長は、店舗における最高指揮官であり、その運営に全責任を負わなければならない。
②店長は、お客様の幸せなひとときのために全精力を傾けなければならない。
③店長は、働く者の父親であり、母親であり、兄であり、姉であらねばならない。
④店長は、商品、サービスにおける最高のクリエイターであらねばならない。
⑤店長は、企業家であり、経営者であらねばならない。

東田は、この心得を取り入れて業務マニュアルをつくることにした。店長業務のような、営業の実際に関するテーマについては自信を持っていた。営業部長の前は銀座店の店長を務めていたし、現在の店長業務の原型も、東田が宮田から指示されてつくり上げたものだった。

こうして東田は、店長業務マニュアル作成に手をつけた。

彼が店長業務マニュアルを完成させたのは約1週間後であった。かなり膨大なものになったが、得意分野だけあって、和久井の手を煩わせることはなかった。

ミラノエクスプレス店長業務マニュアル（抜粋）

1 店長心得

2 店長業務の機能分類

①基本機能

- 満足度向上

②計画機能

- 損益計画策定
- マーケティング戦術策定
- 人材採用、育成、組織計画策定

③管理機能

- 目標管理（顧客満足、QSC（品質、サービス、清潔）、財務、マーケティング、人材採用・育成・組織）
- 顧客情報管理
- コミュニケーション管理

3 機能に基づいた実際の業務一覧

4 業務ごとの手順と留意点（附・業務フォーマット類）

「やったあ。俺も捨てたもんじゃないな。これだけのマニュアルを一人でつくれるなんて。それもたった1週間でだよ」

嬉しくて仕方がない様子の東田に和久井が水を差した。

「部長、おめでとうございます。でも、むしろ大切なのは研修方法ですよ」

「わかってるよ。**でも、ちょっと喜ばせてくれよ。仕事には短期的な達成感も大切なんだから**」

東田も、単純に喜んでいられないことは十分理解していた。マニュアルは、店長を育成する道具の一つにすぎない。

「和久井君、君の仰せに従って、さっそくその育成に向けた調整を始めるよ。渡辺部長と小林部長に連絡を取ってくれないか」

翌日、東田は、渡辺、小林に和久井を加えた4人で、店長育成に関する今後の進め方を協議した。マニュアルの実践と修正は、銀座店と渋谷店でテストを行い、1月いっぱいで完成版を仕上げることに決まった。研修のカリキュラムは、人事・教育部で年内に原案を作成し、これも1月いっぱいで完成させる。そして2～3月には、店長候補者を数名ピックアップして、実際に研修を実施して検証することになった。

店長の研修制度

創業からたった5年のミラノエクスプレス社には、きちんとした人事制度はなかった。アルバイトがいつの間にか正社員になったり、昇進や異動も不定期で、明確な基準なしに行われていた。

渡辺は、いろいろとトラブル続きだったミラノエクスプレスの人事制度を、業界でも先端をいく素晴らしいものに刷新しつつあった。**働く者の活力を維持しつつ、実力主義を徹底し、評価と処遇がきちんとリンクした人事制度**である。スタートして間がないので、現在は本格稼動に向けたテストの時期であった。渡辺は、ここ数カ月この業務に追われて、他のことには手が回らなかった。

もともと大手チェーン本部でチーフトレーナーを担当していた渡辺は、教育のプロだった。だが、ミラノエクスプレス社は、大手のように1人が1業務だけを専門で担当するゆとりはない。渡辺も入社以来、人事・教育部の部長として、この方面のあらゆる業務をこなしてきた。

教育のプロであった彼は、入社してすぐ店舗クルー・マニュアルをまとめたが、現状の店長や店舗クルーの研修に関しては大いに不満で、すぐにでも改善したかった。マニュアル体系も不備であったし、トレーナーの育成も不十分であった。

ところが、ミラノエクスプレス社にとっての優先事項は、人事制度の構築と事業急拡大に伴なう人材の採用であった。今春に始まったフランチャイズ化に向けた作業の進捗状況を幹部会で聞くたびに、研修体制の整備に手をつけられない自分が歯がゆくて仕方なかった。

渡辺は、東田からミーティングの依頼がきたとき、このテーマに手をつけられなかった反省と、この機会に一気につくり上げられる喜びが入り交じった複雑な気持ちになった。また、フランチャイズ担当を決定する際に、東田の積極さに気圧《けお》されて手を挙げられなかったこともあり、今度こそという気持ちもあった。

4人のミーティングで、店長研修のカリキュラムの作成を依頼された渡辺は、はっきり約束した。

「最優先で取り組みますよ、東田部長。よくこれだけのマニュアルを短期間で仕上げましたね。すごいです」

渡辺は、店長業務マニュアルのページをめくりながら、東田がそれを1週間足らずで完成させたと聞いて感心した。

「ありがとうございます。お誉めいただける内容かどうか、自信はありませんが」

東田は、渡辺の言葉に素直に喜んだ。


渡辺が東田らとのミーティングを終えてデスクに戻ると、人事・教育部のスタッフはもう帰宅した後だった。

彼は以前在籍していたチェーン本部の研修体系を確認するために、引き出しにしまってあった資料を引っ張り出した。その資料と店長業務マニュアルををカバンに入れると、帰り支度を始めた。

「明日からの休みにじっくり家でやろう。こんなときに、ゆっくり休んでなんかいられないよ」

渡辺は、仕事人間というほどではなかったが、やるべき仕事のために休みを返上することは、あまり苦にならなかった。ミラノエクスプレス社には、こういうタイプの社員が自然と集まっていた。

翌日は休日返上で朝早くから自宅のパソコンに向かい、店長研修カリキュラムと研修トレーナーの要件を作成した。専門分野だけあって渡辺の作業は早かったが、それでもそんなに簡単に終わるものではない。土曜日の朝から部屋に閉じこもり、ようやく日曜の午後に完成した。

「やっと、終わりか。さすがに疲れたな。でも、これで東田部長にも顔が立つ」

几帳面な渡辺は、依頼された仕事の納期が遅れるのは大嫌いだった。東田との約束より結果として1週間早くなったが、手直しが出ることも考えて日曜日中に完成させることを目標にしていたのだ。渡辺がまとめたものは、次のような内容であった。

店長研修制度と店長のランク制

- 店長研修カリキュラム
- 研修受講資格
- 研修期間＝OffJT5日間、OJT20日間。テストは単元ごとに実施、不合格者には再履修を義務づける。合格者は店長Cにランクづけ。
- 店長ランク＝C→B→A→Sの4ランク。初期研修合格者はCにランクづけ。ランクアップは年間実績と年1回の研修の履修結果に基づいて判定。
- トレーナーの資格認定＝職種別経験年数と社内資格に基づいて認定。

フランチャイズ展開を念頭においたこの制度の目玉は、育成スピードにあった。これまではOJT中心に数カ月かけて店長を育成しており、せいぜい1店で年に2人育成できれば上出来というのが実態だった。**今回の研修制度の整備で、約1カ月で店長が育成できる。**直営店でOJTを実施するので、10店をフル稼動すれば、1カ月で10人、1年で120人の店長を育成できる計算だ。

これで、当面のフランチャイズ展開には十分対応できる仕組みが整った。

「おはようございます」

渡辺は、朝礼が終わると真っ先に東田のデスクに顔を出した。月曜日は、朝礼のため30分早く出社する決まりになっていたので、朝礼後といっても、いつもの朝と変わらない時刻である。

「おはようございます。どうされたんですか、部長、こんなに朝一番で」

「依頼された店長研修制度の件ですが、一応完成したので簡単に説明しようと思いまして」

「えっ、先週の金曜日ですよ、お願いしたのは」

「ええ、そうですね」

「本当にできたんですか？」

東田にはとても信じられず、ついその驚きが言葉になって出てしまった。

「本当ですよ。いまから説明したいんですが、お時間は大丈夫ですか？」

「わ、わかりました、大丈夫です。和久井君、渡辺部長が先週のミーティングで依頼した件がもうできたそうなので、君も同席してくれないか」

「は、はい。しかしすごいですね、渡辺部長」

和久井も東田と同じように、信じられないという顔つきで渡辺に顔を向けた。

「そんなに感心されても困るよ。まるで僕が仕事ができないみたいじゃない」

「そういうわけじゃありませんよ。では、行きましょうか」

3人は笑いながらミーティングルームに向かった。

店舗クルー・マニュアル

店長研修制度の説明を終えた渡辺は、冷めかけたコーヒーを飲み干した。

「渡辺部長、素晴らしいですよ。これで今後の急拡大にも十分堪えられそうです。いやあ、もう加盟店がいくら増えても鬼に金棒ですね」

「ありがとうございます、東田部長。ところで、店長研修だけじゃなくて、店舗クルーのほうも整備し直そうと思っているんですが……」

渡辺は、なにか新しいことに手をつけると、中途半端で終えるのが大嫌いだった。

「わが社の店舗クルー研修については、いまのままで十分使えると思っていました。ですから先日のミーティングでも議題に取り上げなかったのですが……」

「ええ、たしかにどこへ出しても恥ずかしくないものにはなっています。けれど、もう少し手直しすべき点もあるので、この際まとめてやりたいんです」

「では、ぜひお願いします。こんなに渡辺部長に頑張っていただけて感激ですよ」

ミラノエクスプレスでは、店舗クルーの育成に関してかなり高レベルのシステムが整っていた。クルーの多能工化と早期育成というテーマに基づき、すべての業務を最長でも1カ月で身につけられる仕組みがつくり上げられていたのだ。

店舗の業務マニュアルは、キッチン、ホールとも、開店から閉店まで細かく規定されていた。通常は、ホールはホールだけ、キッチンはキッチンだけと専業化が進んでいるところが多かったが、ミラノエクスプレスは正反対だった。しかし、そのおかげで人員が比較的少なくてすみ、シフト計画も楽になっていた。

あっという間に1週間が過ぎた。その間、渡辺は再び日常業務の波に飲み込まれていた。結局、店舗クルー育成制度の点検を始めたのは、次の休日になってからだ。

渡辺は先週同様、朝食後すぐに書斎に閉じこもった。まずは、持ち帰った店舗クルー・マニュアルの内容チェックと修正点のピックアップから始めた。

店舗クルー・マニュアルは、宮田を中心に創業以来少しずつ積み上げたものを、渡辺がいまの形にまとめたものだ。現在のミラノエクスプレスの効率的な店舗運営のバイブル的存在になっていた。しかし最近は改訂されておらず、若干現状に合わせて修正する必要があった。

このマニュアルに従えば、実質20日間で誰もが一人前のクルーを育成できる。普通はホール業務だけでも1カ月近くかかる場合が多いが、それだけなら1週間以内で可能なのだ。

新人が入ると、どうしても余分な人員シフトを組みがちだ。けれどミラノエクスプレスでは、各スタッフが一人でできる業務を把握しているので、必要以上のシフトを組む必要がない。結果的に、いつでも最低限の人員で効率的な店舗運営ができている。

さらに、新人も1カ月ですべての仕事でもこなせるようになるため、人員シフトで困るということはなかった。

これは、ミラノエクスプレスの大きな強みであり、サービス水準を一定に維持することを可能にしていた。クルーの多能工化と早期育成のための研修システムこそが、成功の大きな鍵となっていたのだ。

しかし、そのシステムも徐々にマンネリ化・陳腐化が始まっていた。

「**商品知識と業務内容に関するマニュアルは、実態に即して定期的に修正しないとすぐ陳腐化してしまう。**マニュアルの責任部署を明確にしていなかった私の責任だ。今後は人事・教育部の責任で定期改訂を実施するようにしよう」

渡辺は、営業部に確認すべき事項をピックアップしながら、実態とマニュアルの相違点をつぶしていった。1年以上改訂しないでいると、いかに多くの変更が出てくるかを実感しながら、休日の間にどうにか改訂の目処をつけた。

マニュアルはフランチャイズ展開のバイブル

渡辺は、店舗クルー・マニュアルの改訂を終えた後、東田と研修実施に向けた打ち合わせを行った。今年も残すところあと3日という押しつまった日である。世間はもう仕事納めを終え、銀座界隈は年の瀬の雰囲気に覆われていた。

ミラノエクスプレス各店は、年内は大晦日まで営業していた。本社も30日までは出勤であった。ただ、この時期になると、いつものような緊張感と絶え間ない電話のベルは和らいでいた。

東田と渡辺は、いつもより静かな本社オフィスで、研修実施に向けた最終検討に入った。このミーティングには、和久井と人事・教育部の部下1名も加わった。

「では、フランチャイズ展開にあたっての研修実施に向け、今後どう進めるか検討していきたいと思います。現在までに完成しているのは、店長の研修システムと新人スタッフやアルバイト向けの店舗クルー研修システムです。他に必要なものをピックアップし、作成に向けたスケジュール化を行いたいと思います」

ミーティング冒頭で東田が主旨を説明したのに続き、渡辺が準備してきたレポートを取り出して説明を始めた。

「私がまとめた『フランチャイズ展開に際して必要な研修システムとマニュアル』という一覧があるのですが、それに基づいて検討していただけますか。テーマ別にホワイトボードに書いていきます。担当部署と完成目標を決めたいのです」**（図表7-1参照）**

「店長と店舗クルーの研修についてはできていますが、他についてはまだ足りないものだらけです。完成時期はフランチャイズ加盟店の募集開始を目安にしています。ですが、一度つくれば終わりというものでもないので、一つの区切りという意味の目標です。担当部署は、各業務に最も精通している部門を選びましたが、この会議に参加していない部門については、個別に責任者に依頼したいと思います」

「渡辺部長、研修は当然必要だとは思いますが、こんなに多くのマニュアルがいるんですか？」

和久井が少しうんざりしたような顔で聞くと、渡辺に代わって東田が、なにをいまさらというような調子で答えた。

図表 7-1　マニュアル整備計画表

対象		マニュアル	担当部署	完成目標
1	店長	店長業務マニュアル		済み
		人事・労務マニュアル	人事・教育部	3月
		マーケティングマニュアル	企画部	3月
2	店舗クルー	店舗クルー業務マニュアル		済み
3	スーパーバイザー	スーパーバイザーマニュアル	フランチャイズ担当	3月
		マーケティングマニュアル（同上）	企画部	3月
		不振店対応マニュアル	営業部	3月
4	本部スタッフ	本部事務処理マニュアル	人事・教育部	3月
		ＩＴシステム運用マニュアル	システム担当	4月

「直営店だけで展開していくなら、これほど多くのマニュアルをつくる必要はないだろう。しかし、**フランチャイズ展開では、あらゆる業務を標準化して、誰がやっても一定レベルを維持しなければならない。そのためには、わかりきったことでも目に見える形にする必要がある。**君には十分わかっているはずだろう」

「そうでしたね。でも、紙という形式にこだわる必要はないと思うのですが」

「それはそのとおりだ。電子書籍や、動画マニュアルのような形式でも、目的にあった形式を取ればいいと思う」

渡辺が、教育のプロらしく、和久井の疑問に答えた。

「つくってもろくに使われないマニュアルの話をよく聞くので、気持ちが後ろ向きになってました。たしかに、目に見える形で基準を示さなければ、本部としての指導ができません。そのツールとしてマニュアルが存在するんですね」

「そう。**マニュアルこそミラノエクスプレスのバイブルであり、それに基づいた研修システムがあって、初めて実際のフランチャイズ展開が可能になるんだ**」

東田は、伊達の話を受け売りしながらまとめた。

渡辺は、マニュアルがいかに大切かという議論にけりをつけるように、「それでは、内容的にはこれでよろしいですね」と他の3人の方を見ながら、研修テーマと作成すべきマニュアルの内容と担当部署、スケジュールについて確認していった。ミーティングは1時間ほどで終了し、渡辺がホワイトボードに書いた内容は修正なく決定された。

東田は、ミーティングルームを出ると、人の少なくなったオフィスを見渡して、渡辺を誘った。

「せっかくですから、忘年会といきませんか？」

「いいですね。気分的には一段落した感じですからね」

4人はデスクを片づけるとすぐに本社を出て、通い慣れた「千成」へ向かった。すっかり葉を落とした桜の木は、歩道の街灯に寒々と照らされていた。

7 フランチャイズは「人づくり」が命

成功へのステップ

企業経営にとって最も大切なものの一つに人材がある。フランチャイズにおいても、事業成功の鍵を握っているのは人である。

フランチャイズ成功のためには、加盟店が本部方針を正しく理解し、そのノウハウを間違いなく実践することが不可欠だ。そして、加盟店の店長はじめ店舗クルーを含めた人材がいかに高いレベルで業務を推進できるかが大きな鍵を握る。

人材育成を成功させるためには。効果的な教育システムとそれを支えるマニュアルの整備が不可欠である。

店長

事業を成功に導くには、お客様と接する人たちの役割が重要となる。したがって、彼らを束ねる店長や事業責任者に求められることは多い。

フランチャイズの場合、スーパーバイザーが加盟店に密着するといっても限界がある。日常の営業活動にきめ細かく対応するには、現場指揮官である店長が、自分で計画し、実施し、管理するという自律的なサイクルをつくることが必要だ。

店長に特に強く求められるのは、できるだけ短いサイクルでお客様の満足度を把握し、その向上に向けてきめ細かく対応すること、競合の出現や周辺環境の変化にスピーディーに対応することである。

店長が、その役割を果たすために必要な機能は、次のように広範囲にわたる。

①計画機能
・損益計画、マーケティング戦術、人材採用・育成計画、組織計画の策定

②管理機能
・目標管理（顧客満足、QSC、財務、マーケティング、人材採用・育成、組織）
・顧客情報管理
・コミュニケーション管理

教育システム

フランチャイズ・ビジネスは教育産業といわれるくらい、人材育成のシステムは大切だ。加盟店

店長に止まらず、店舗従業員の育成も同様に重要である。以下に教育システム構築にあたっての要点を挙げる。

- それぞれの「人」の到達すべき目標レベルを明確にする。
- できるだけ短期間で育成できるカリキュラムを構築する。
- 基準となるマニュアルを作成する。
- トレーナーによるバラツキをなくす。
- トレーニング施設を用意する。
- OJTのためのモデル店舗を用意する。
- 責任者を明確にし、教育システムを常にブラッシュアップし続ける。

マニュアル

フランチャイズ・ビジネスでは、加盟店が本部の方針やノウハウに忠実に活動することが成功につながる。その方針やノウハウを明確にしたものがマニュアルだ。したがって、マニュアルはフランチャイズ本部のバイブルといってもよい。

とはいえ、フランチャイズ・ビジネスの基本はあくまでも「人」である。「人」の力を最高に引き出すツールとして、マニュアルが存在する。つまり、「人」を生かすマニュアルをつくることが、フランチャイズ成功への大きなステップとなるのである。

マニュアル整備の留意点は、以下のとおり。

- 顧客満足が第一になっていること。
- 業務の単純化、標準化、専門化が行われていること。
- 実際の業務に基づいていること。
- 表現に曖昧なところがなく、わかりやすいこと。
- 責任部門が明確で、定期的に改訂が行われること。
- 電子書籍スタイルや動画配信など現場での活用の容易さも重要。

8 成否を決める立地条件

多様な立地に適応できる業態を

まずは直営店の立地を調べる

500店へのシナリオづくりは着々と進んでいたが、大きな問題が一つ存在した。

既存の10店舗は、都内の比較的似通ったところに立地していた。ということは、ミラノエクスプレスにとって、地方への出店や繁華街以外への出店は未経験なのである。

フランチャイズ化の条件に、「多様な立地での出店が可能」という点があることを、東田は伊達から聞いていた。

出店場所の多様化は、500店シナリオを完成させるうえで、避けて通れない重大テーマだった。

そして、加盟店募集までに固めておくべき緊急テーマでもあった。

年が明けて成人の日も過ぎると、銀座店はいつものようにビジネス街の緊張感を漂わせ始める。

「和久井君、うちの直営店はだいたい似たような場所に立地しているよね？」

「学生中心の少し若い層向きの場所と、会社員中心のやや年齢層の高い場所に分かれますが、大まかに見れば、全店ダウンタウン型の繁華街立地ですね」

東田と和久井は、年が明けて初めてゆっくりと２人で打ち合わせをしていた。

「実はこの前、伊達先生から、出店場所の多様化ができないと５００店なんて無理だと言われたんだ。ところが君の言うように、既存の直営店はどこも似たような場所に出店している。出店場所の多様化といっても、いまのままじゃ対応できないんだよ」

「そうはいっても、すぐに新しい立地で実験するわけにもいきませんしね。とりあえず、うちが出店を判断してきた立地のポイントを整理してみませんか。既存店の立地には、なんらかの基準があるはずですから。そのポイントに合致すれば、これまでと少し異なる立地でも、十分に出店が可能だといえるはずです」

「たしかにね。でも、うちが出店を判断する基準ってなんだろう。いつも社長が現地を見て決めているからね」

「じゃあ。社長の頭の中に判断基準があるんですよ」

「そうか。では社長の頭の中の判断基準を引っ張り出してまとめればいいのか」

これまでミラノエクスプレス社では、出店の可否を判定する基準が明確になっていなかった。物件情報が持ち込まれると、社長が中心になって勘と経験で判断していたのである。

それでも大きな問題はなかったが、今後は、毎月何件もの物件を判定しなければならない以上、いつまでも社長に頼るわけにはいかなかった。勘と経験を、いかに客観的な判定基準に置き換えるかが重要なポイントだった。

立地を判定するために必要なもの

銀座店から戻った東田は、まっすぐに橘のデスクに向かった。

「橘さん、社長の明日の予定はどうなっていますか？」

「明日は夕方から1件会食が入っていますが、それまでは在社されています」

「明日、午前中2時間くらい時間を取ってもらえますか？。ミラノエクスプレスの出店基準についてご意見を伺いたいのです」

「確認してみます。ちょっとお待ちください」

宮田はすぐに了解してくれた。

デスクに戻った東田は和久井に指示を出した。

「和久井君、明日の朝10時から社長と、さっきの件を検討することになった。質問事項の整理と、出店基準の参考事例を準備しておいてくれないか」

「承知しました。以前、伊達先生の研修でもらった参考資料でいいですか？」

「ああ、あれがいちばんわかりやすいかもな。ＯＫだ。それから、質問項目は簡潔にね」

翌日、３人は、社長室で出店基準作成について検討に入った。

「いままで新規出店については、社長が出店予定地をご覧になって可否を判断しておられました。ですが、フランチャイズ展開が始まると、わが社独自の基準をつくらねばなりません。今日は、いままで社長が何を出店の判定ポイントにされていたかを伺い、基準作成に生かしたいのです」

「私の頭の中を見せろということだね」

「おっしゃるとおりです。和久井君から質問させていただきますので、社長はアウトプットしていただければ結構です」

こうして和久井の質問は始まった。宮田は答えながら、その内容が無駄なく的を射ていることに驚かされた。自分の考えが和久井にはすっかりわかっているのではないかと思うほどであった。

社長へのインタビューを終えると、東田と和久井はすぐにミーティングルームに直行し、出店判定のために立地評価項目をまとめた。

ミラノエクスプレス立地評価項目

①商圏人口（昼間、夜間）
②商圏内消費額
③店頭通行量（車両、人、自転車）
④立地特性（立地タイプ分類）
⑤前面道路状況

⑥ 近隣状況（駅、集客施設等）
⑦ 物件状況（間口、視認性）

「評価項目としては、こんなところでしょうか。各項目どの程度の数値だったらOKかは、今日の社長のお話だけでは詰め切れませんが……」

「数値による判定基準がないと実際には使えないな。伊達先生によれば、既存店の評価項目データと、売上実績や客数の相関関係から推測する方法があるそうだ。なにか難しい数式を教えてもらったんだが……この件は、伊達先生にお願いした方が早いよな」

「お願いするにしても既存店のデータが必要ですから、営業部に頼んで集めないといけませんね」

「うん、必要なデータ項目は伊達先生に伺って、すぐ営業部に依頼してくれ」

「わかりました。では、この件はその方向で進めます」

「立地評価項目とデータ収集はいいとして、立地の多様化という点は、まだ解決していないね」

「そうですね。既存店はほとんどがダウンタウン型ですから」

「このまま2人で話していても、答えを出すのはちょっと無理だろう。今度、伊達先生も交えて考えてみよう。な、和久井君」

ミーティング開始からそれほど経っていなかったが、東田らしく簡単にギブアップ宣言をして、伊達の力を借りることとなった。

「はぁ、では先生と連絡を取ってできるだけ早く機会を設定します」

東田の諦めの早さを憎めない和久井は、少しあきれつつもすぐに同意した。

営業部からのデータ報告は予定通りに届けられた。このデータに基づいて、立地評価表と売上予測のシミュレーションは伊達に作成してもらうことになった。ただし、既存店が10店しかないため、予測精度はそれほど高いものにはならない。伊達からも、

「10店舗のデータでシミュレーションしても参考程度にしか使えません。当面はこれをベースに、社長はじめみなさんの勘と経験も大切な要素になります」

と言われていた。

ターゲット客と立地のすり合わせ

「店舗の成功は、お客様の有無、来店しやすい場所にあるかどうかにかかっています。したがって、ミラノエクスプレスのお客様がどういった方で、どんなシーンで利用されているのかを知ることが重要です。さらに、**現在だけではなく、将来のお客様や利用シーンについても可能性を探る必要があります**。これらをまとめれば、店の成立に十分なお客様を集められる立地かどうかを判断できるはずです」

東田と和久井は、伊達とともに立地の多様化というテーマでミーティングを始めたところだった。場所はいつもの本社ミーティングルームである。

「すると先生、第1ステップは、ミラノエクスプレスのお客様が誰で、どのように利用されている

かを考えればよいのですね？」

　東田は頭の中を整理するように聞いた。いつも先走る彼にしては慎重だった。

「そのとおりです。まず3人で、ミラノエクスプレスのお客様は誰かということについて検討しましょう。その後、お客様ごとに利用シーンを考えます。これは、理念体系を構築した際に、一度検討されているはずですから、それほど難しくないと思いますよ」

　伊達のリードで、3人はミラノエクスプレスのお客様と利用シーンを思いつく限り挙げていった。

ミラノエクスプレスのお客様と利用シーン

・コア年齢層は20歳代前半から30歳代半ばとする。

既存店の場合

①サラリーマン、OL
・イートイン＝朝食、昼食、ティータイム、夕食＋ドリンク
・テイクアウト＝デザート、ジェラート、昼食、夕食
②学生（大学生以上が中心）
・イートイン＝朝食、昼食、ティータイム、夕食＋ドリンク
・テイクアウト＝デザート、昼食、夕食、夜食
③カップル
・イートイン＝ティータイム、夕食＋ドリンク

・テイクアウト＝デザート、ジェラート、軽食類

今後の想定

④　ファミリー

・イートイン＝休日の昼食、ティータイム、夕食

・テイクアウト＝休日の昼食、デザート、ジェラート、夕食

⑤　主婦

・イートイン＝昼食、ティータイム、ちょっとしたパーティ、

・テイクアウト＝デザート、ジェラート、昼食、夕食

「重複する層もありますが、大まかにはこんなところでしょう。このターゲットが数多く集まる場所が、ミラノエクスプレスが成立する立地です。既存10店はすべて当てはまりますね。コアのお客様は店ごとに少しずつ異なりますが」

「そうですね、先生。具体的なシーンは多様だと思いますが、まとめるとこのくらいでしょうね」

「では、このターゲットと利用シーンを満たす場所を考えていきましょう」

多様な立地でオペレーションを

「ビジネス街の駅の近く」

東田が真っ先に例を挙げた。

「そうですね。これが既存店の中心になっています」

伊達はホワイトボードに書きながら大きくうなずいた。その後、次々と3人が挙げた場所は次のようなものだった。

ミラノエクスプレスが成立する場所

①ビジネス街の駅の近く
②駅前の繁華街
③大学近くの繁華街
④ターミナル周辺の大型商業ビル内
⑤郊外型の大型ショッピング・センター内
⑥小型スーパーなどの近隣、生活道路沿い
⑦大型商業施設の近隣道路沿い
⑧住宅街に近い生活道路沿い

「①②③は既存店の立地で、いわゆるダウンタウン型に分類できます。④⑤はインショップ型、⑥⑦⑧は郊外型またはロードサイド型ですね。したがって、ミラノエクスプレスが成立する立地タイプは、ダウンタウン型、インショップ型、ロードサイド型の3つに分類できそうです。さらに立地特性によってダウンタウン型で3タイプ、インショップは2タイプ、ロードサイド型では3タイプあります。和久井さん、みんなに分かるように後で表にまとめてください」

「わかりました」

「先生、するとミラノエクスプレスも、多様な立地で成立しそうですね」

東田は、嬉しそうにニコニコしていた。

「たしかに理論上、大きくは3タイプ、細かくは8タイプの立地で成立する可能性が高そうです。しかし、既存店10店はダウンタウン型の3タイプしかカバーしていません。残りについては、あくまでも理論上成立するというだけです」

「じゃあ、加盟店募集できるのは既存店と同じ立地だけですか」

「厳密に言えばそうなります。加盟店を募集する際に、ダウンタウン型以外の売上実績は提示できませんからね」

「そうはいっても、ダウンタウン型以外の出店候補地も間違いなく出てきます。実績がないからといってすべて断るのは効率が悪すぎませんか？」

「新立地については、直営店で成立の可能性を検証してから加盟店募集するのがオーソドックスな方法です。しかし現実には、加盟店が先に新立地で出店する場合もあります。そんなときは、最低1年間の利益保証や撤退時の店舗の引き取りなど、特別契約を結んだりします。代わりに、プロモーションのテストや新商品の試売、営業実績など、標準化に向けたデータ収集への協力を要請することもあります」

「ではわが社の場合、ダウンタウン型で募集を開始する一方、それ以外の立地で実験を進め、実績づくりをする必要があるわけですね。実験については、できれば直営店で行う。加盟店で行う場合は、利益保証や店舗引き取りなど、本部がある程度リスクを負えばよいのですね」

「そのとおりです」

「どこか一つ繁盛店ができたからといって、どこにでもフランチャイズ加盟店を出していいわけじゃないんですね」

和久井が、難しいものだという顔をしながら伊達を見た。

「フランチャイズ加盟店を募集する場合、『本部が成功した実績のあるパッケージ』であることが原則です。立地はパッケージを構成する一大要素ですから、それが大きく変わると、実績として認められないのです」

「当面はダウンタウン型を中心にスタートということか。たしかに、ロードサイド型になれば店舗レイアウトも変更が必要だし、建物の建設からだと投資金額も違ってくる。先生の言われるとおり、まったく新しいパッケージをつくるということだ」

ミラノエクスプレスの郊外型のイメージは、東田にもまだなかった。

「近いうちに取り組むべきテーマですね。先生」

「そう、郊外型は出店場所が限りなく広がるので、ぜひ早めにテスト店を出すべきでしょう」

「立地の多様化については、フランチャイズ展開に対応して十分な可能性が見出せた。しかし、いままで出店していない立地については、早急にテスト店舗を出さなければければならない。最低1

年間の実績が必要だから、来年度のフランチャイズ加盟店はダウンタウン型を中心に開発する。その間の実験結果を踏まえて、次年度以降は新立地でも開発をスタートさせる。以上のようなシナリオですね」

「そのとおりです。ダウンタウン型だけでは目標店舗数の確保は難しいでしょう。早急に新立地でのテスト展開を始めてください」

伊達の言葉でひと区切りつき、ミーティングは終わった。3人が部屋を出ると宮田が声をかけた。

「お疲れさま。進んでいますか。先生もお忙しいところありがとうございます。どうですか。この後、食事でもしながら進み具合を教えてくださいよ。幹部会とメールで報告をもらっているので、だいたいは把握していますが」

3人は宮田といっしょにオフィスを出て、銀座店まで歩いた。

街は冬の装いを強めて、ますます色を失っていた。銀座通りの1ブロック手前で、コートの襟を立てて急ぐサラリーマンが4人を追い越していった。

8 成功へのステップ 成否を決める立地条件

フランチャイズ・ビジネスでは、短期間に多店舗化を実現することが成功の大きな鍵となる。そのためにも、出店可能な場所はできるだけ多いほうがよい。

多くの立地タイプで展開するには、事業のターゲットと利用シーンを可能な限り多様化し、異なる立地特性に対応した店づくりをすることが要求される。

立地タイプ

フランチャイズ展開に際しては、どこか1店が成功したからといって、どこへでも加盟店を出すわけにはいかない。成功した立地と同様の立地への出店が原則となる。

立地タイプは、業態の特性によって分類方法が大きく変わる。商圏の大きさやターゲットのとらえ方が異なるからだ。自社の業態では、どのような分類が適切なのか、成立可能な立地はいくつに分類できるのかを明確にしてほしい。

その分類ごとに最適な店づくりをすることが、多様な立地に適応した業態を築き、フランチャイズ成功へのステップとなる。

しかし、フランチャイズ展開の初期では、すべての立地に対応した店づくりができている場合は少ない。そこで、実績のある立地タイプでの加盟店募集を先行させ、並行して、新立地に対応した店舗づくりを行う必要がある。

この場合、直営店での実績が原則となるが、加盟希望者との合意のもと、本部がある程度リスクを負う形で加盟店を実験の場とすることもある。

立地判定基準

フランチャイズ展開においては、立地判定の精度を上げることが、加盟店繁栄のための絶対条件となる。加盟店が本部に対して抱く不満の中でも最大のものは、立地判定が大きく狂い、計画どおりの売上が確保できないケースである。

立地判定の精度を上げるには、自社独自の判定基準をつくり、店舗の拡大に伴ってブラッシュアップしていくことが求められる。

一般的に立地判定基準は、次のような評価項目と既存店の売上高に相関関係を見出し、その精度を高めていくことになる。

■立地評価項目（２１８ページのまとめの再掲）

- 商圏人口（昼間、夜間）
- 商圏内消費額
- 店頭通行量（車両、人、自転車）
- 立地特性
- 前面道路状況
- 近隣状況（駅、集客施設等）
- 物件状況（間口、視認性）

しかし、店舗数がそれほど多くない場合は、店舗ごとの特殊事情が売上に大きく作用して、実際の相関関係を見出せないことが多い。

したがって、フランチャイズ展開初期は、それほど精度の高い立地判定基準を持つことは困難である。そこで実際の展開に際しては、加盟希望者が十分納得したうえで、出店場所を決める慎重さが要求される。

9 加盟店開発の秘訣

本部も加盟店も繁栄できるシステムを構築する

金銭関連の規定を設ける

話は前年の秋までさかのぼる。

和久井が本部機能整備にようやく目処をつけた時期であった。

東田のもとに、加盟店募集のスタートを予定している「フランチャイズチェーン・ショー」（FCショー）の出展申込書が届いた。伊達が手配してくれたものである。

「先生、FCショーの申込書が来たんですが……契約書もまだできていないんですよ。大丈夫ですか？　間に合いますか？」

「どうしたんですか、部長」

突然、アポもなく事務所へ飛び込んできた東田を見て、伊達は面食らった様子だった。

「ビジネス・パッケージのほうは、なんとか目処がつきましたが、よく考えると契約書もできてないんですよ。こんなペースで本当にショーに間に合うんでしょうか？」

「部長。最初に作成した業務スケジュールを確認されましたか？　予定では契約書の作成はもう少し先のはずですが」

「たしかにおっしゃるとおりです。でも、来年の3月のショーから逆算すると心配になってしまって、もう半年も残っていないんですよ。まだ加盟金なんかも正式には決まっていないのに……」

「大丈夫ですよ、あのスケジュールは、ショーの時期に合わせて作成したんです。あれより遅れなければ十分間に合います。どうしても心配なら、契約書作成までの検討テーマをはっきりさせましょう」

「ありがとうございます。ぜひ、お願いします。最近は、本当に間に合うのか毎日心配で、そこへショーの申込なんて話ですから、頭がパニックですよ」

「東田部長らしくないですね。自信を持って帰れるよう、納得いくまで説明してさしあげます」

伊達は東田に、契約書をはじめ加盟店募集に向けての条件やツール整備の手順を丁寧に説明した。

「長い目で見て加盟店開発を成功させる最大のポイントは、加盟店オーナーにとっても本部にとっても、互いに繁栄できる条件設定を行なうことです。特に、加盟金、ロイヤルティなどの金銭関連の規定と、それらを含んだトータルな損益モデルは重要です。

損益面については、以前決まった改善策を現在実験中ですよね。加盟金とロイヤルティは同時進行で検討すればOKです。時期的にはここ1カ月以内に決めれば間に合いますよ。契約書は、必要項目の検討さえ終われば、それほど時間をかけずに作成できます」

東田は、伊達の説明を聞いて少し落ち着いた。

「よくわかりました。さっそく、金銭関連の規定を決定できるように動きます」


伊達の事務所から戻った東田は、本社オフィスから飛び出したときの悲壮な顔つきと違い、すっかり落ち着いた様子になっていた。

「部長、お帰りなさい。先ほどは血相を変えてどちらへいらしたんですか？」

東田を見て和久井が声をかけた。

「伊達先生のところだよ。困ったときの伊達頼みかな」

「その様子だとまた新しい仕事に取りかかれということですね？」

「よくわかったね。そのとおり。加盟店に対する金銭規定を決定したいんだ」

「金銭規定というと、ロイヤルティとか加盟金ですか？」

「うん、契約書や加盟店開発用パンフレットの作成にもかからないと」

「わかりました。ちょうど供給システムにも目処がついたので、私のほうで原案をつくります。幹部会で検討してください」

ロイヤルティの決め方

フランチャイズ展開に際して必ず問題になるのが、**本部の利益を確保する仕組み**である。ロイヤルティ制度を採用しているところもあれば、商品や原料等の納品差額で利益を確保するところもある。ロイヤルティの設定も、売上高にリンクさせたり、粗利益にリンクさせたりとさまざまだ。本部によっては定額制のところもある。

和久井は、伊達の研修でもらった他社事例を参考にしながら、どんな制度がミラノエクスプレスにとって最適かを検討した。伊達から教えられた検討時のポイントは次のようなものだった。

ロイヤルティ設定留意ポイント

①加盟店の利益を必要以上に圧迫することがあってはならない。
②同業、類似業態の先行本部と比較して著しく高くしてはならない。
③原材料の納品差益がある場合は、ロイヤルティと合算して適正な収益を設定する。
④適正収益の設定では、本部からの支援内容との整合性を勘案する（スーパーバイザー活動、マーケティング、採用支援、研修、情報システム整備などの本部活動を規定）。
⑤本部と加盟店の収益を、ともに十分魅力的な水準に収める（目安は、本部はスタート5〜10年で株式公開が可能な水準、加盟店は3年以内に2号店が出店可能な水準）。

ミラノエクスプレス社では、原材料価格は本部が取引先と交渉して決定していた。したがって、店舗に納品されるものは、すべて本部が取り決めた価格となる。これは店舗の原価管理を容易にし、損益管理を徹底しやすくするための制度だ。

生鮮品の市場価格が変動しても、ミラノエクスプレスの原価率が変わるわけではない。しかし、日々価格変動があるので、標準価格と実勢価格との差が本部の差益や差損になりうる。現状、標準価格については、生鮮品は毎月、それ以外のものは半年に1回の見直しを行なっている。現状、納品差額で本部が上げている利益は、物流費を差し引くとほとんどないといってよかった。

直営店については、本部配賦金ということで、本部経費を各店舗が負担する仕組みになっていた。売上高の5％である。

和久井は、加盟店の利益がどの程度で、本部収益がどうなるかを算定し、さらに類似業態の本部と比較した。その結果、ロイヤルティを直営店の本部配賦金と同じ5％に設定すると、先ほどの留意ポイントをクリアできるとわかった。

和久井は、まずここまでの状況を東田に報告した。

「部長、ロイヤルティは5％が妥当だと思います。伊達先生のおっしゃるポイントもすべてクリアできます」

「そう、ありがとう。じゃあ、その場合の本部と加盟店の損益シミュレーションと他本部との比較表をまとめてくれないか」

「わかりました。ところで、ロイヤルティ以外のものはどうしましょうか？」

「ロイヤルティ以外というと？」

「たとえば、広告宣伝分担金やシステム使用料、研修費などですが」

「そうだな、できれば毎月のロイヤルティだけでカバーしたいけれど、ＩＴ（情報）システムは定期的に更新する必要もあるので、使用料としてきちんと徴収したほうがいいと思う。広告宣伝分担金も、ネット広告や将来のテレビ広告などを想定すると、最初から徴収しておいたほうがいいだろう」

「そうですね。では、システム使用料と広告宣伝分担金を別途徴収するという前提でロイヤルティのシミュレーションを作成してみます」

「頼むよ」

適正なロイヤルティの額は？

和久井は、東田の依頼に基づいて、加盟店と本部収益のシミュレーションに加え、他本部との比較表も作成した。プロモーションの実施やメニュー改訂などは、現状をベースに条件を設定した。

和久井は、さらに比較しやすいように3～10％の間でシミュレーションを作成し、幹部会へ出す前に東田に説明した。

「比較検討用に3～10％の範囲でシミュレーションしました。3％では本部収益が不足となり、10％だと加盟店の利益水準が下がって加盟店開発が難しくなります。

「結局、直営と同水準の5％が妥当ということに落ち着くわけだね」

「そうなりますね」

「5％のときの本部収益はどうなるの？」

「スタート後4年で加盟店が270店、各店の平均年商を1億8000万円と想定すると、ロイヤルティ収入が24億円、本部経費を差し引いても10億円を超える利益が残ります。加盟店側も、営業利益ベースで最低15%程度は確保できるはずです。

「わかった。ありがとう。**本部と加盟店の双方が繁栄できることが大原則**だから、5%でいこう。すると、うまくいけば、4年先にはわが社も株式公開を検討できるレベルの企業にはなれるということだね」

「そのとおりです。かなり現実味を帯びた話ですよ」

「よし、また元気が出てきたな」


ロイヤルティは売上高対比5%、情報システム使用料と広告宣伝分担金は売上高対比でそれぞれ1%と2%とする。

以上でロイヤルティ等のランニングフィーについての原案が完成した。

加えて、宮田の要望で、一定以上の売上を達成すれば歩戻しされるインセンティブ制度も取り入れられた。さらに、運営レベルを下げないように、本部が必要と認めた店舗には、有料で研修参加を義務づけるという事項も加えられ、ロイヤルティに関する詳細は決定した。

加盟金に対する考え方

「和久井君。ロイヤルティ等のランニングフィーの原案は決まったけれど、その他の金銭規定も併せて幹部会の承認を得なければいけないんだ。今週中に決められるかい?」

「はい……ただ、加盟金の額は何の対価かによってずいぶん違ってくると伊達先生の研修で聞きました。まずは加盟金に何を含めるかを考えなければ」

「そうか。伊達先生からもらった他社事例を参考にして、うちなりの定義をするのが先か。それをもとに金額をはじいて2人で検討しよう」

加盟店が加盟する際に支払う金銭には、加盟申込金、加盟金、店舗設計・設計監理料、研修費、開業支援費などがある。加盟金に開業前の研修費や設計料まで含める場合は、加盟金が高めに設定されることが多い。したがって、加盟時にどんな費用が必要か、すべてまとめて判断することが必要となる。

和久井は、加盟金はノウハウ開示の対価を中心として考え、研修や開業支援、設計費など実際に費用が発生する項目に関しては、別途徴収する方向で検討することとした。

ミラノエクスプレス加盟金の定義
① 契約時に開示するミラノエクスプレス運営のノウハウ
② ミラノエクスプレス・ブランドの使用権

「こんなところか。まとめてしまえばやけに簡単だな。とりあえず金額を設定して、部長とミーティングするか」

和久井は、同業他社の加盟金一覧をロイヤルティ一覧とともに調べた。同じフードサービス業でも、加盟金には会社ごとに相当な開きがあった。下は100万円くらいから上は1000万円まで、基準などないようだった。

「たしか伊達先生は、加盟金は新しく同じ業態を開発するための外注費に比べて20～30%程度の水準なら、けっして高くないとおっしゃっていた。ミラノエクスプレスを新たにつくるのに、いくらかかるのかな。それも一つの目安になるはずだ」

和久井は伊達の言葉を思い出し、ミラノエクスプレスのような業態を開発するには、どの程度の費用が必要か考えてみた。

デスクに座って加盟金の設定で頭を悩ませている和久井に、東田が突然声をかけてきた。

「和久井君、加盟金の金額は決まったかい？」

東田は、相手の状況に頓着せず声をかけては、仕事の邪魔をすることがある。和久井は、いつものことだと諦めて答えた。

「まだですよ。いま悩んでいる最中です。そうだ、部長。どこかの専門家に頼んでうちのような業態をつくるとしたら、どのくらいかかるかご存知ですか？」

「ちょっとわからないなぁ。企画で広告代理店なんかと付き合っていたんだから、君のほうがよくわかっているだろう」

「そういえば、代理店もそういう仕事やってますね……思い出したぞ。前にいた食品会社で業態開発のプランづくりを代理店に頼んだときには、2000万円以上の見積もりでした。それも机上のプランですから、実際に立ち上げようとした社内の担当者が四苦八苦していました。出てきたプランが使えない場合も多いようです」

「じゃあ、うちの加盟金は２０００万円でも安いくらいってことか？」

「それは飛躍しすぎです。たしかに、ミラノエクスプレスを新しくつくるとなると２０００万円でも安いと思います。でも、加盟金は他社との比較もありますし、フランチャイズの場合、いろいろな制約のもとで営業するという側面もありますから、その分は差し引いて考えないと。ロイヤルティも徴収することですし……ただ、研修費や開業支援費、設計・設計監理費などを含むか、別途徴収するかも考慮して、外注費２０００万円以上というのは検討の目安にはなるでしょうね」

和久井は東田のペースに巻き込まれながらも、結果としていま悩んでいたことに道筋がつけられた形だった。

「部長、ありがとうございます。なんとなく方向性が見えてきましたよ。明日、朝一番でミーティングをお願いします。今日中にはたたき台をつくっておきますから」

「そりゃ、よかった。明日朝一番ね。期待してるよ」

東田は、安心したように言った。

適正な加盟金の額は？

加盟金設定に必要な資料は揃っていたし、損益シミュレーションができる前提はほとんど決まっていた。東田との会話でだいたいの方向性を見出した和久井は、再度加盟金の定義を明確にしたうえで、加盟金以外に徴収する金額も算定した。

「設計・設計監理費とシステムインストール費用は実費。研修費は3人分まで100万円。開業支援費は、開業前後の応援人員の対価として100万円。加盟金は他社との比較をベースにして、加盟店開発に要する費用がまかなえればOKというレベルで考えるか」

和久井は、夕方には加盟金設定に関する試算を含め、明日のミーティング資料をまとめ終えた。

翌朝一番、和久井と東田は2人でミーティングルームにいた。

「じゃあ、説明してよ」

「そんなに急かさないでくださいよ、部長」

和久井はせっかちな東田を制して、コピーを渡してからおもむろに説明を始めた。

「加盟金算定の考え方をまず説明します。加盟店開発活動など原価ベースで1加盟店当たり200万円の費用が発生します。そこで、問題となるのが他社の加盟金ですが、レストラン関係はおおよそ300万円から800万円となっています。100万円以下という低いところもありますが、例外と考えてよいでしょう。研修費等を加えると400万円以上という設定が多いようです」

「結構高いんだね」

「ええ、レストラン関連はフードサービス業の中でも比較的高いようです。それでわが社ですが、他社との競合・自社の費用を勘案して、300～500万円くらいが妥当だと判断しました」

「300～500万円か。加盟金を含めた初期投資がどの位で回収できるかが、加盟店にとっての最大のポイントだね」

「はい。ロイヤルティも決まり、標準的な初期投資額も算定されていますので、加盟金と研修費、開業支援費を加えて最終的にどの程度の回収期間になるかは試算しました。それらのデータを総合すると、私は400万円が妥当だと思います。**他社と比べて特別に安くする必要もないですが、必要以上に高くすべきでもないでしょう。**加盟金で儲けるといった姿勢は、うちの風土にふさわしくないですし、本当にミラノエクスプレスを愛してくださる方に加盟してもらいたいですから」

和久井は、**自分たちが愛し、絶対の自信を持っているミラノエクスプレスを、加盟金目当ての不良本部にしたくなかった。**加盟店開発という業務につきもののリスクを、最低限ヘッジできる範囲で加盟金を設定すれば十分だと考えていた。

東田もまったく同感だった。

「和久井君の言う通りだよ。この内容で決めよう」

保証金は必要か？

「そうだ。保証金も決めておかないと」

和久井は、加盟金の試算をしている最中に、保証金の存在を思い出した。

「保証金か……そう言えば加盟金とは別に保証金を徴収しているところがほとんどだ。どんな基準で金額を決めればいいのかな。伊達先生の研修レジュメにあったはずだ」

和久井は、ファイルからレジュメを引っ張り出して、保証金の設定基準を捜した。

「**保証金は、商品や原材料など、加盟店が本部に対して負う債務担保として預かるのが基本**か。すると、本部への支払い2回分に相当する金額を預かれば足りるな。うちの場合、10日に一度の締め／請求だから、月間平均売上を1500万円、原材料費を約30％とすると、10日間で150万円の保証金となる。その2回分に、ロイヤルティや包装資材なんかも加わるから、350万円くらいが妥当な金額かな」

和久井は、加盟金設定の資料といっしょに保証金も加えた。

契約書のつくり方

幹部会では和久井の原案通りすべてが承認された。スケジュール表より早まったことが東田には嬉しくて仕方なかった。

「東田部長、そろそろ契約書をつくらないの？　契約書やパンフレットができてこないと、フランチャイズ展開を始める実感が湧かないよ」

宮田が東田に声をかけた。

「社長、慌てないでくださいよ。何事も順序があるんです。でも、今日、金銭関連の規定を承認いただきましたので、すぐ取りかかれます。実は私も焦って、この前、伊達先生に相談に行ったんですよ。なにを焦っているんだと笑われましたが」

フランチャイズ展開に際しては、契約書がすべての基本となる。つまり、本部と加盟店の関係を規定する憲法のようなものである。

東田はさっそく契約書の作成に取りかかった。とはいっても、社内には法律の専門家はいないので、外部に依頼しなければならない。

「先生、ようやく契約書を作成できるだけの材料が揃ったのですが、実際の契約書作成となると、われわれでは手には負えません。どこにお願いすればいいですか？」

「契約書に必要な事項をまとめてもらえれば、私のほうで弁護士に依頼してさしあげますよ。この方面に強い方に当社の顧問弁護士をお願いしていますので」

「ありがとうございます。どのくらいで完成しますか？」

「2週間ください。弁護士の先生の都合もありますので、もう少しかかるかもしれません」


伊達から指示された記載事項を送付してから、2〜3度細かな表現面でのやり取りがあった後、ようやくフランチャイズ契約書の原案が届けられた。東田はすぐに宮田のところへ飛んでいった。

「社長、できましたよ！」

「どうした、東田君。何ができたんだい？」

宮田は、突然社長室に飛び込んできた東田を怪訝そうな顔で迎えた。

「フランチャイズ契約書です。社長が早く見たいとおっしゃっていた……」

「おお、もうできたのか。早かったね。ぜひ見せてよ」

東田から契約書を受け取った宮田は感無量であった。

「いよいよ実感が湧いてきたなぁ。ところで、いろいろと細かい規定があるけれど、契約書の内容について関係者が理解しておく必要があるね」

「はい。弁護士の先生に、幹部会でレクチャーしていただく予定です」

「それなら、いつものメンバーに和久井君を加えて、できるだけ早くセッティングしてください」

「わかりました」

いそいそと社長室を出た東田は、軽やかに自分のデスクに戻っていった。


翌週の幹部会でさっそく、契約書に関するレクチャーが行われた。加盟店の権利関係と本部が負う義務の範囲に関する質問、聞き慣れない用語の説明が中心となった。弁護士の説明で概ね全員が理解できた。しかし、幹部だけでなく、少なくともフランチャイズ展開に関わる全員が同じ理解をする必要があった。

「和久井君、今日のレクチャーをベースに、質問の出そうな点をQ&Aにしてマニュアル化しておいてよ」

「はい、部長。ところで、契約書の内容は今日のレクチャーで問題なく説明できるとして、実際には、**契約書をはじめから加盟希望者に見せるわけにはいきませんよね**」

「そうだね。君も伊達先生のセミナーで聞いたと思うが、**そのために法定開示書面という書類を作成する**はずだよ」

「そうか、契約書の次は、法定開示書面を作成しなければならないんですね」

和久井は、業務スケジュールの中に法定開示書面の作成という項目があったことを思い出し、伊達から以前もらっていた冊子を参考に、作成に取りかかった。

法定開示書面とは何か

法定開示書面とは、フランチャイズ本部が加盟希望者に契約内容を開示するために作成が義務づけられている書類のことだ（図表9-1）。中小小売商業振興法に規定されており、一般社団法人日本フランチャイズチェーン協会でも、登録時にその作成と提出を義務づけている。

和久井が伊達からもらった作成の手引きは、その日本フランチャイズチェーン協会が発行しているもので、記載事項を細かく規定してあった。契約書の内容をその記載事項に則って当てはめていけば、比較的簡単に作成できる。

和久井は契約書のレクチャーを受けた翌日に、半日程度で仕上げてしまった。

「よし、完成だ。伊達先生と弁護士の先生にチェックしてもらえば終わりだ」

和久井は完成した法定開示書面をメールで伊達に送った。翌日には伊達から返信がきた。

「法定開示書面の件、弁護士のほうから問題なしという返事がありました。これで完成版にしてください」

和久井は、さっそく東田に完成版を提出し、幹部会への報告も併せて依頼した。

「早かったね。ありがとう。これでますます本格的にスタートするという実感が湧いてきたよ」

「ですが、伊達先生からいただいた業務スケジュールからいうと、まだまだ準備するものがいっぱいありますよ」

「わかってるよ。でも、なんだかフランチャイズ展開の実感が湧いてきて、嬉しくならないか？」

図表 9-1 法定開示書面

項目		内容	
1	経営理念		
2	本部の概要	1	会社概要
		2	子会社の概要
		3	所属団体名
		4	沿革
3	会社組織図		
4	役員一覧		
5	貸借対照表および損益計算書（直近 3 事業年度分）		
6	売上・出店状況	1	全店売上高推移
		2	施設数推移
7	加盟者の施設に関する事項	1	直近 3 事業年度の各事業年度内に新規に営業を開始した加盟者の施設数
		2	直近 3 事業年度の各事業年度内に契約解除した加盟者の施設数
		3	直近 3 事業年度の各事業年度内に契約更新した加盟者の施設数および契約更新しなかった加盟者の施設数
8	訴訟件数		直近 5 事業年度の各事業年度内に加盟者または加盟者であった者から提起された訴えの件数および当社より提起した訴えの件数
9	契約の要件	1	契約の名称等
		2	売上・利益予測についての説明
		3	加盟に際し徴収する金銭に関する事項
		4	オープンアカウントの送金
		5	オープンアカウント等の与信利率その他の条件
		6	加盟者に対する商品の販売条件に関する事項
		7	経営の指導に関する事項
		8	使用させる商標、商号、その他の表示に関する事項
		9	契約期間、契約の更新および契約解除に関する事項
		10	加盟者が定期的に支払いする金銭に関する事項
		11	施設の営業時間、営業日
		12	テリトリー権の有無
		13	競業避止義務
		14	守秘義務
		15	売上金の送金
		16	施設の構造と内外装についての特別義務
		17	契約違反をした場合に生じる金銭の支払いその他の義務内容等
		18	事業活動の損失に対する補償の有無、内容

「それは嬉しいですよ。一連の作業が一つの形になったわけですから」

あまり喜怒哀楽を表に出さない和久井も、東田と同じくらい嬉しかった。だが、まだこれからという気持ちが強くて、東田ほど単純には喜べなかった。

幹部会も、契約書と法定開示書面が揃ったことで、すっかりフランチャイズ展開が始まったような気になっていた。

「まだ準備するものや整備すべきものがいっぱいあります。そんなに簡単に考えないでください」

「東田部長らしくないね。ここまできたんだからもっと喜んでもいいんじゃないの」

宮田が、いつもと違ってやけに慎重な東田を見て怪訝そうに言った。

「実は私も単純に喜んでいたんですが、和久井君に、いま私がみなさんに申し上げたのと同じことを言われたもので、つい慎重になっただけです。でも、安心するのはまだ早いのは確かだと思います。これから、加盟店開発のためのツール作成を始める段階ですから」

「そうだね、君の言うとおりだよ。でも本当によくやってくれている。ここまできたことは単純にみんなで喜ぶとして、今後もさらに頑張ってください」

「ありがとうございます。頑張ります」

ツール作成は間に合うか？

「こんなに多くのツールを、３カ月足らずでつくれるのかな？」

東田は、伊達からもらった加盟店開発に必要なツール一覧を眺めながら、また頭を抱えていた。

必要なツールのうち、契約書と法定開示書面はすでにできていたが、それ以外に、会社案内、加盟店募集のためのパンフレットやＤＶＤ、各種ステーショナリー、加盟希望者応対マニュアル、アンケート用紙、加盟申込書、加盟審査基準表、標準損益モデルなど、多くのアイテムが列記されていた（２５５ページ参照）。

「部長、何を悩んでいるんですか。デスクで暗い顔をしているなんて似合わないですよ」

「あぁ、和久井君か。うん、そのとおりなんだが、どうもこうしたツールの作成は経験がないから不安でね……そうだ、この手の作業はもともと君の専門じゃないか。制作スケジュールを作成してくれると少しは安心なんだが」

「わかりました。部長が悩んでも解決する問題じゃないですよ。大丈夫、任せてください。パンフレットやＤＶＤは伊達先生に依頼し、社内で作成できるものは、先生のチェックを受けながら私のほうでつくります」

「頼むよ。それから、パンフレットやＤＶＤは社長にも確認してもらいながらつくりたい。プレゼンの日程を前もって調整してよ」

「では、スケジュールが完成したら、チェックお願いします」

和久井は、ツールの一覧表を確認しながら、３月のＦＣショー出展に間に合うようにスケジュールを組んでいった。

２月いっぱいで仕上げるためには実質２カ月くらいしかなかった。パンフレットやＤＶＤは最低でも１カ月はかかる。出展までにすべてを完成させるにはぎりぎりの日程だった。

「途中、年末年始も入るから、ほとんど余裕はない。社長プレゼンで手間取るとかなり厳しくなってしまう。先に伊達先生と社長の間で、表現イメージをすり合わせてもらう必要がありそうだ」

和久井は、スケジュールに基づいて順次手をつけていった。

「契約書と法定開示書面はOK。会社案内はリクルート用に作成したものを流用する。加盟店募集用パンフレットとDVDは伊達先生に依頼。ホームページは橘課長に頼めば大丈夫。封筒は現在のものがそのまま使えるから追加注文しておこう。挨拶状・送付状・説明会実施要領は、伊達先生に参考例をもらっているので、それをベースに作成できるな……」

和久井は、企画部門でパッケージの手配や販促ツール作成等の業務に精通していた。


一方、伊達は、パンフレットとDVDの制作にいつものスタッフを召集していた。

「全日程で2カ月弱。使える写真や映像データがまったくないことを考えると、ロケも含めてかなりの強硬日程です。みなさん、ご協力よろしくお願い致します」

時間がない中でつくるのに慣れたスタッフたちは、いたって平静だった。

「先生、いつものことですから大丈夫ですよ。ただ、店舗でのロケや出演者との調整を先方に十分確認しておいてください」

「はい。それは先方の東田部長が責任を持ってやってくださるはずです」

伊達とスタッフは、パンフレットの構成とDVDのシナリオを打ち合わせ、プレゼンの日程を決めた。10日後に双方とも第1回プレゼンを行ない、年内はそこまで。年明け早々に最終プレゼンを行い、制作を開始することになった。

伊達が指示した構成に基づき、表紙デザインを含めた第1回プレゼン向けのカンプ制作が進んだ。同時に、必要なツール、資料の手配、インタビュー、撮影の依頼もまとめられ、DVD制作班もシナリオ作成に入った。

10日後、予定どおりプレゼンが行なわれた。イメージに関して若干の修正があったが、ほぼ伊達の提案に基づいて進めることに決まった。

「先生。素晴らしいプレゼンありがとうございます。いまから完成が楽しみですよ」

宮田は、自分が考えていた以上のものが提案されて上機嫌だった。そのため、年明けの最終プレゼンは省かれ、実際の制作に入ることになった。東田も和久井も、スケジュールに少し余裕ができたことを喜んだ。

和久井は、自分で作成するツールについても、伊達に相談しながら順調に仕上げていった。パンフレットもDVDも、東田と和久井が関係部署とよく調整したおかげで、ほぼ予定どおりに完成した。とはいえ納品は2月末日。フランチャイズチェーン・ショーの3日前である。

「いやぁ、ぎりぎりでしたね。スケジュールどおり進めたつもりでも、こんなになってしまうんですね」

和久井は、パンフレットとDVDを眺めながら、東田に安堵の表情を見せた。

9 成功へのステップ 加盟店開発の秘訣

業態のブラッシュアップや本部機能の整備と並行して、加盟店開発のための条件整備やツール制作が必要となる。まずは、フランチャイズ・システムの核となる金銭規定を定め、本部と加盟店の権利、義務を明確化した契約書をつくる。そして、フランチャイズ・パッケージの魅力を訴求するためのツール作成へと進む。

金銭規定

加盟希望者が最も興味を持つのが金銭に関する規定である。損益に直接関係する項目であり、間違いなくパッケージそのものの魅力を大きく左右する。

■イニシャル・フィー

金銭規定には、多くの種類があるが、加盟時に支払うイニシャル・フィーは以下のようなものだ。

・加盟金、加盟申込金
・保証金
・店舗設計・設計監理費
・研修費
・開業支援費

■ランニング・フィー

加盟後、定期的に支払うランニング・フィーには次のようなものがある。本部によって名称や徴収方法、金額が異なるが、類似業態であれば、似通った規定になっている場合が多い。

・ロイヤルティ
・広告宣伝分担金（共通販促費）
・情報システム使用料

■金銭規定を設定する際の留意点

・本部と加盟店双方が損益面で無理のない範囲になっていること
・それぞれについて、何の対価かが明確になっていること

・聴取方法や時期が明確になっていること
・競合他社に比べて優位な規定になっていること（損益面トータルの判断として）

契約書・法定開示書面

本部と加盟店の関係は、すべて契約書が基本となる。したがって契約書は、本部と加盟店の権利と義務をできるだけ詳細かつ具体的に規定すべきである。

日本の場合、「細かく決めなくても話せばわかる」とばかりに、金銭規定と基本的な権利と義務だけしか記載しない契約書を作成する本部もある。しかし、そうした曖昧な契約書は、本部にも加盟店にも良い結果をもたらさない。具体的で詳細な契約書をつくれるということは、それだけ確かなシステムができている証拠でもあり、システム自体の信頼にもつながる。

法定開示書面は、本部の企業概要と契約内容を加盟希望者に開示する目的で、本部に作成が義務づけられている。希望者が加盟を検討する際の重要な資料だ。

過去、フランチャイズ本部は、ノウハウの流出などを理由に、あまり情報開示に積極的ではなかった。だが最近では、法定開示書面にとどまらず、直営店の損益状況なども含めて大幅に情報開示するのがトレンドになっている。

本部、加盟店双方が、十分な理解と納得を得たうえで加盟するのがフランチャイズの基本である。本部だけに有利な限られた情報で希望者に判断を促すのは、犯罪行為といっても過言ではない。

加盟店開発ツール

加盟店開発を成功させるには、できるだけ多くの希望者を発掘し、その希望者に興味を持ってもらわなければならない。そこで、重要な役割を果たすのが、以下のようなツールである。

①契約書（済み）
②法定開示書面（済み）
③会社案内
④加盟店募集パンフレット&リーフレット
⑤加盟店募集用ＤＶＤ
⑥ホームページの内容変更・追加
⑦各種ステーショナリー
⑧挨拶状、送付状など
⑨説明会実施要領
⑩加盟希望者応対マニュアル（面談時、電話アポ時）
⑪加盟希望者情報管理表
⑫加盟希望者アンケート用紙
⑬加盟申込書

⑭ 加盟審査基準表
⑮ 加盟から開店までの業務フロー
⑯ 標準損益モデル（初期投資額、月間損益）
⑰ パブリシティ記事集
⑱ 説明会実施要領

実際の制作は、社内でできるものと社外に依頼するものに分かれるが、いずれにせよこの手のツール制作は時間に追われがちだ。担当者は制作スケジュールの管理徹底を図り、漏れのない準備を行なう必要がある。

エピローグ

ミラノエクスプレス発進！

3月2日、「ゆりかもめ」を降りて東京国際展示場に向かう東田は感無量だった。彼は、明日から3日間開催されるフランチャイズチェーン・ショーの準備のために会場に向かっていた。

宮田にフランチャイズ担当を命じられて約1年。無我夢中でここまでやってきた。

「ついにと言うか、ようやくと言うか、よくここまで来たなぁ。伊達先生や和久井君、社長、他のみんなにも本当によく協力してもらった……」

だが、東田はまだ感傷に浸るわけにはいかなかった。展示会場では、加盟希望者にミラノエクスプレスの本当の姿を体験してもらおうと、実際の店舗を再現し、名物のピザとパスタを試食してもらうことになっていた。おそらく、今日の夜遅くまで準備に追われるはずであった。

3月3日。フランチャイズチェーン・ショーは幕を開けた。

総出展数は、200を数え、フードサービス業から小売業まであらゆる業種のフランチャイズ本部が一堂に会していた。フランチャイズ展開を始めて20年以上を経てさらなる拡大を目指して出展している著名本部もあるが、これから伸びていこうという若い本部が大きな比率を占めていた。

ミラノエクスプレスのブースは、正面入口から真っ直ぐ進んだところにあった。6コマ分のスペースに模擬店舗をつくったブースは、他より抜群に目立っていた。

午前9時。宮田をはじめ高山、河本、渡辺、橘といった面々がブース前に集合した。幹部たちは、初めて見る展示ブースの素晴らしさに圧倒された。

「素晴らしいよ、これは！」

「うちがいちばん目立つね」

東田たちの1年間の集大成を目の当たりにして、**全員が感無量だった。それぞれがここまでに大きな役割を果たしたことも、感動をより深いものにしていた。**

東田と和久井は、展示会の応援メンバーといっしょにブースの中で準備の追い込みに入っていた。

9時30分。全員がブースの前に集まったところで、東田が音頭を取った。

「おはようございます。オープンに先立ちまして、社長からひと言ご挨拶をいただきたいと思います。社長、よろしくお願いします」

「みなさん、おはようございます！　昨年の2月にイタリアから帰ってきて、突然フランチャイズ展開を始めたいと話してから1年間が過ぎました。この間、東田部長はじめ社員のみなさんの努力によって、ようやくここまでたどり着きました。

わが社は決して特別な能力を持つメンバーが集まっているわけではありません。私を筆頭に平凡な人間の集まりです。しかし、そんな集団でも**全員が力を合わせれば、これだけ素晴らしい事業をスタートさせられるのです。**この先も、全員で力を合わせ、成功に向かって努力していきましょう。今日が終点ではありません。今日からが本当の出発です。感慨に浸っている時間はないようです。今日からミラノエクスプレスの新たな旅立ちの第一歩として、絶対にこの出展を成功させましょう。今日から3日間、**私も必死になって自分の思いをお客様に伝えます。みなさんも、多くの新しい仲間を迎えられるよう、ぜひ頑張ってください**」

挨拶を終えた宮田は、不安と期待の入り混じった面持ちで東田に声をかけた。

「どの程度の希望者が集まるかな」

「社長、大丈夫ですよ。出展社のなかでいちばん多くの希望者を集めてみせますよ！」

午前10時、開場！！

何人かの入場者が真っ直ぐミラノエクスプレスのブースに向かって歩いてきた。

「いらっしゃいませ。ミラノエクスプレスでございます」

全員が一斉に声を揃えて深々と頭を下げた。

ミラノエクスプレス、発進!!

参考図書

『改訂版フランチャイズ・ハンドブック』日本フランチャイズチェーン協会編、商業界
『社是　社訓』社会経済生産性本部編、生産性出版
『社訓』雑派編、ぶんか社
『ザ・フランチャイズ』民谷昌弘著、ダイヤモンド社

おわりに

最後まで本書をお読みいただき、ありがとうございます。

フランチャイズ本部を立ち上げよう！　という決心がついた方はおられるでしょうか？　そう思っていただければうれしいのですが、「思っていたより大変そうだなあ」という印象を持たれた方もおられるでしょう。

そうです、フランチャイズ本部を立ち上げるというのは、そんなに簡単なことではありません。フランチャイズ・ビジネスには、本部社員だけではなく、加盟店の経営者やその従業員の人生がかかっています。加盟金が入ってくるから、他人のお金で事業拡大が簡単にできそうだから、とりあえず始めてみるか、というような考えで取り組んだのでは、成功することはできません。結果として、多くの人の人生を不幸にしてしまいかねません。

フランチャイズ・チェーンは、50年、１００年と継続することが求められます。フランチャイズ本部の構築は、それだけ継続できるチェーンをつくるという覚悟で取り組まなければならない大事業です。だからこそ、成功するためには、本書で紹介したような将来を見据えた計画的な準備が重要となるのです。

しかし、いかに大変だとしても、最初の一歩を踏み出さなければ成功は手に入りません。「はじめに」でも触れましたし、自慢話のようで恐縮ですが、私はフランチャイズ業界に40年以上身を置き、200社以上の本部立ち上げに関わってきました。

その多くが、めざましい拡大を実現しています。直営店数店の規模から1000店超えまで成長したチェーンもあります。100億円以上の売上を実現している企業も数多くあります。そして地域社会への貢献を果たしています。

フランチャイズ・ビジネスを通じて事業を拡大し、地域社会への貢献を果たしたい経営者のみなさまは、ミラノエクスプレス社と同じように、フランチャイズ本部構築のステップを着実に実行すれば、新たな道が開けます。新たな一歩を踏み出そうとお考えの方は、恐れずにチャレンジしてください。

最後に、本書の出版に際してはアクアネット、Ｎｅｃｏ＆Ｐのスタッフのみなさまに大変お世話になりました。ありがとうございます。

２０２０年2月吉日

民谷昌弘

成功するFC戦略　読者プレゼント

読者の皆様に、以下のプレゼントをご用意しました。本書の理解をさらに深め、フランチャイズ展開を成功させるために、ぜひご活用ください。

特典1　フランチャイズ・ビジネス入門（PDF・無料）

本書に書ききれなかったフランチャイズの仕組みに関する解説などを行っています。下記のサイトからPDFをダウンロードできます。

特典2　フランチャイズ化適性相談（無料）

著者・民谷昌弘に直接ご相談いただける機会を設けました。相談会場は原則としてアクアネット・フランチャイズ経営研究所会議室（東京都港区赤坂）となりますが、zoomミーティングも可能です。所要時間はおよそ30分程度です。ご希望の場合は、下記サイトからお申し込みください。

読者プレゼントお申し込みページ
https://aqnet.co.jp/dtokuten
パスワード：fc100

著者プロフィール
民谷昌弘（たみや・まさひろ）

株式会社アクアネット・フランチャイズ経営研究所代表取締役社長。

一般社団法人日本フランチャイズコンサルタント協会会長。

大手フランチャイズ（FC）本部、コンサルタント会社を経て現職。新規立ち上げを支援したFC本部は200社を超え、経営改善支援や研修を行った企業は数百に上る。

FC本部の立ち上げ支援、社員独立制度（のれん分け）の導入支援、経営計画策定および改善支援、経営幹部およびスーパーバイザー研修、FCによる海外進出支援など、FC本部に向けたコンサルティング全般を手がけている。

一般社団法人日本フランチャイズチェーン協会（JFA）講師としても活動。主な著書に『ザ・フランチャイズ』『フランチャイズビジネスの魅力』（いずれもダイヤモンド社）などがある。


株式会社アクアネット・フランチャイズ経営研究所

TEL：03-6277-7386
https://aqnet.co.jp

成功するFC戦略 フランチャイズ本部構築の9ステップ

2020年3月10日　第1刷発行
2022年3月1日　第2刷発行

著者……………民谷昌弘
発行者…………御立英史
発行所…………あおぞら書房
〒244-0804 横浜市戸塚区前田町 214-1 GMH 2-121
https://www.blueskypress.jp　メール：info@blueskypress.jp
電話：045-878-7627　FAX：045-345-4943
装丁……………秋山 桃
DTP 組版……アオゾラ・クリエイト
印刷・製本……モリモト印刷

ISBN 978-4-909040-03-9
2020 Printed in Japan